정체성 정치와 남녀 대립적 페미니즘

마르크스주의적 비판

정체성 정치와 남녀 대립적 페미니즘

마르크스주의적 비판

정진희 쓰고 엮음

책갈피

차례

머리말 · 7

1부 정체성 정치와 마르크스주의

정체성 정치, 차별에 맞서는 효과적 무기일까? · 16

교차성이 정체성 정치의 대안일까? · 33

마르크스주의와 차별 · 48

차별에 맞선 투쟁과 레닌 · 60

2부 한국의 페미니즘과 정체성 정치

1장 젠더 갈등을 어떻게 볼 것인가?

페미니즘에 대한 백래시의 성격 · 79

젠더 갈등의 원인과 해결책 · 90

'이대남' 논쟁과 정의당 페미니즘 · 106

2장 한국 페미니즘의 정치

급진적 페미니즘과 분리주의 페미니즘 · 115

2018년 불법 촬영 항의 운동 · 128

유아인과 페미니즘 논쟁 · 136

3장 정체성 정치와 국가

여성운동 지도자들과 자본주의 국가의 밀접한 관계 · 144

젠더 거버넌스의 모순과 난점 · 151

신지예의 윤석열 캠프 합류 소동과 페미니즘의 모순 · 159

제국주의적 악행 가리기에 이용되는 페미니즘 · 170

3부 페미니즘, 트랜스젠더, 정체성 정치

트랜스 여성의 숙명여대 입학 포기 사건 · 176

차별금지법에서 트랜스젠더를 제외하자고? · 196

마르크스주의, 페미니즘, 트랜스젠더 정치 · 203

후주 · 254

참고 문헌 · 261

찾아보기 · 268

일러두기

1. 인명과 지명 등의 외래어는 최대한 외래어 표기법에 맞춰 표기했다.
2. 《 》 부호는 책과 잡지를 나타내고, 〈 〉 부호는 신문과 주간지를 나타낸다. 논문은 “ ”로 나타냈다.
3. 인용문에서 [ ]는 지은이가 독자의 이해를 돕거나 문맥을 매끄럽게 하려고 덧붙인 것이다. 일부 번역문에서 [ ]는 옮긴이가 같은 이유로 넣은 것이다.
4. 본문의 각주는 지은이가 넣은 것이다. 일부 번역문에서 옮긴이가 넣은 각주는 ‘— 옮긴이’로 표기했다.

머리말

정체성 정치는 오늘날 여성운동 등 여러 차별 반대 운동에서 상식처럼 수용되고 있다. 2015년 이후 페미니즘의 새로운 부흥 속에서 나타난 새 세대 페미니스트 사이에서도 정체성 정치의 영향력을 쉽게 찾아볼 수 있다.

정체성 정치의 형태는 다양하지만, 기본 형태는 차별에 맞서 특정 정체성을 공유하는 사람끼리 뭉치자고 호소하는 것이다. 이런 사상은 서구에서 1970년대 말 이후, 한국에서는 1990년대 이후 여러 차별 반대 운동에서 유력해졌다. 2000년대 들어서는 한국 좌파 대부분이 정체성 정치를 이래저래 받아들였다.

서구에서는 정체성 정치에 대한 비판이 많이 제기돼 왔는데, 비판자는 우파부터 자유주의자, 좌파에 이르기까지 다양하다. 정치적·이데올로기적 차이를 반영해 이런 비판은 그 목적과 내용이 상당히 다르다. 우파는 흔히 무슬림이나 흑인같이 차별받는 사람들의 정체성을 비난하면서 정체성 정치를 비판한다(그러면서 어떤 우익은 자신들의 정치를 '백인 정체성 정치'로 부르기도 한다). 그래서 정체성 정치에 대한 비판은 어떤 맥락에서 이뤄지는지를 살피는 것이 중요하다.

우파의 정체성 정치 공격은 차별받는 집단을 사회문제의 원인으로 돌리며 속죄양 삼아 대중의 불만을 엉뚱한 곳으로 돌리고 평범한 사람들을 이간질하기 위한 것이다. 20대 대선을 앞두고 이준석, 윤석열 등 우파 정치인이 페미니즘을 공격한 것도 같은 목적이었다. 윤석열은 대선 운동 초반에는 이준석의 페미니즘 공격에 거리를 두는 듯했지만 지지율 위기를 겪자 여성가족부 폐지 공약을 전면에 내걸었다. 집권 뒤 몇 개월 동안은 눈치를 보고 있다가 지지율이 하락하자 여성가족부 폐지를 추진하며 알량한 성 평등 정책조차 후퇴시키고 있다. 이런 공격은 경제위기 속에서 민영화, 복지 삭감 등을 추진해 서민층 가족에 그 부담을 떠넘기고 보수적 가족 가치관을 강화해 대중을 분열시키려는 것이다.

여성 차별에 반대하고 사회의 진보적 변화를 지지하는 사람이라면 우파의 페미니즘 공격과 성 평등 정책 후퇴에 분명히 반대해야 한다.

그러나 페미니즘에 제기되는 비판이 모두 우파나 성차별주의자의 '백래시'인 것은 아니다. 페미니즘 내에는 사람들의 문제의식을 잘 살펴보지 않고 페미니즘에 대한 비판을 모조리 보수적 반발로 취급하는 사람이 많다. 이런 도덕주의적 태도는 자유로운 토론과 논쟁을 가로막아 여성운동의 발전에 해롭다.

한국의 여성운동에서 지배적 영향을 발휘하는 페미니즘은 남성과 여성을 대립적으로 보는 페미니즘(흔히 급진적 페미니즘으로 불린다)이다. 성 평등을 지지해도 이런 종류의 페미니즘에는 거부감을 느끼는 사람이 많다. 남성 일반을 잠재적 성범죄자나 특권층 취급하는 시각에 평범한 남성들이 반발하는 것은 충분히 이해할 만하다. 이준석 등 우파는 바로 이런 불만을 파고들어 '이대남'의 대변자 행세를 하며 정치적으로 이용했다.

상당수 여성이 이런 남녀 대립적 페미니즘에 이끌리는 것은 심각한 여성 차별에 대한 반감 때문이다. 이런 분노는 때때로 차별에 맞서 투쟁에 나서는 동력이 된다. 그러나 차별에 맞선 투쟁을 효과적으로 벌이려면 분노만으로는 충분치 않다. 사회의 성격과 차별의 원인에 대한 올바른 분석에 기초해야 한다. 자본주의 사회에서 계급 관계를 무시하고 남성을 이해관계가 동일한 하나의 집단으로 보는 것은 현실과 동떨어진 것이다. 이런 관점은 여성 차별 반대 운동의 전진을 방해하고 사회운동의 파편화와 불필요한 분열을 야기하기 쉽다.

여성 차별은 계급을 가로질러 일어나지만, 여성의 처지가 모두 동일하지는 않다. 부유한 특권층 여성의 삶은 노동계급 여성의 삶과 매우 다르다. 남성 일반이 권력자인 것도 아니다. 사회의 상층부에는 여성보다 남성이 상대적으로 많지만, 사회 전체에서 막대한 부와 권력을 가진 사람은 극소수일 뿐이다. 바로 이 극소수 지배계급이 극도로 불평등한 자본주의 체제를 유지하려 한다. 경제 위기의 대가를 노동계급 등 서민층에게 떠넘기려 각국에서 긴축정책을 펼치고 해고를 자행하는 자들은 남성뿐 아니라 여성이기도 하다.

페미니즘과 좌파 내에서 정체성 정치가 널리 수용되지만, 최근 몇 년 새 부상한 운동과 사건을 계기로 정체성 정치에 대해 문제 제기하는 사람도 늘었다. '생물학적 여성'만 참가하도록 한 불법 촬영 항의 운동 조직자들의 방침, 일부 페미니스트 주도로 트랜스젠더 여성의 숙명여대 입학이 좌절된 일 등은 사회운동 안팎에서 논란이 됐다.

정체성 정치의 문제점을 분리주의 페미니즘에* 국한해 얘기하는 페미니스트가 많다. 그러나 정체성 정치는 분리주의 페미니즘뿐 아니라 페미니즘 전반에서 수용된다. 그 형태의 차이가 있을 뿐이다. 국내 여성 단체가 정체성 정치를 채택한 지는 오래됐

---

* 분리주의 페미니즘 남성과의 협력을 완전히 거부하며 남성을 배척하는 페미니즘. 분리주의 페미니즘과 급진적 페미니즘의 관계에 대해서는 이 책 2부 2장에 실린 "급진적 페미니즘과 분리주의 페미니즘"을 보라.

다. 오늘날 주요 여성 단체 지도자와 활동가가 표방하는 페미니즘은 분리주의 페미니즘과 달리 트랜스젠더를 포함한 성소수자를 지지하는 입장이다. 그렇지만 사회를 여성과 남성으로 나누고 남성 일반을 잠재적 성범죄자 또는 권력자로 보는 관점은 동일하다.

좌파 일각에서는 정체성 정치를 반동적 환상으로 취급하는 경향이 있다. 이런 견해는 기본적으로 관념론적이다. 차별받는 사람들이 정체성 정치에 이끌리는 것은 단순히 환상 때문이 아니라 그들이 경험하는 차별적 현실에서 비롯한다.

이 책은 한국의 여성운동에서 널리 수용되는 정체성 정치와 남녀 대립적 페미니즘을 마르크스주의적 관점에서 비판적으로 분석하고 대안을 제시한다. 차별받는 사람들이 자신의 특수한 정체성에 기초해 차별에 맞서 싸운다면, 여기에는 진보적 측면이 있다. 그러나 정체성 정치가 유력한 운동은 여러 약점이 있어 쉽게 약화되고 우파의 공세에 취약해진다. 정체성 정치는 차별을 없애는 효과적 전략이 될 수 없다.

국내에 정체성 정치를 비판적으로 다룬 서적이 몇 권 나와 있지만 대부분은 번역서다. 이 책은 정체성 정치의 약점을 국내 여성운동의 경험 속에서 톺아본다는 특징이 있다. 젠더 갈등과 이대남 논쟁, 트랜스 여성의 숙명여대 입학 포기 사건, 2018년 불법 촬영 항의 운동 등 최근 몇 년 새 일어난 주요 운동과 논쟁을 살펴보면서 교훈을 이끌어 내고 대안적 사상과 전략이 필요함을 주장한다.

정체성 정치는 차별이 계급 관계와 무관하게 일어난다고 보며 차별 반대 운동을 노동계급의 투쟁과 분리한다. 그러나 계급은 자본주의에서 차별이 발전하고 사람들이 차별을 경험하는 방식에 결정적 영향을 끼친다. 차별에 맞선 투쟁을 노동계급의 투쟁과 별개로 여겨서는 안 되는 것이다.

마르크스주의가 계급을 강조하므로 차별 문제를 무시한다는 오해가 흔하다. 옛 소련과 동유럽 등지의 스탈린주의 체제 때문에 마르크스주의가 심하게 왜곡되고, 노동자가 일터에서 겪는 착취에 반대하는 것만을 계급 정치로 여기는 관점이 널리 퍼진 탓일 것이다. 그러나 마르크스, 엥겔스, 레닌, 트로츠키, 룩셈부르크 등 고전적 마르크스주의 전통은 차별받는 집단의 투쟁을 옹호하며 차별에 반대하는 투쟁을 사회주의를 위한 투쟁의 일부로 간주했다.

나와 이 책의 필자들은 이런 전통에 서서 최근 몇 년간 뜨겁게 일어난 페미니즘 논쟁과 여성운동을 분석하며 대안을 제시하고자 했다. 이 자리를 빌어 이 책의 다른 필자들인 성지현, 최일붕, 최미진, 이수현, 그리고 번역자인 이예송과 이원웅에게 감사의 인사를 드린다.

이 책을 내도록 제안하고 글 전체를 꼼꼼하게 읽고 구성과 내용에 조언을 준 김하영에게는 특히 고마움을 느낀다. 읽기 쉽게 글을 다듬고 책을 만들어 준 책갈피 출판사, 책 안팎을 보기 좋게 디자인한 김민정, 고은이 디자이너에게도 감사를 전한다.

여성 차별을 비롯해 온갖 차별이 사라지는 사회를 바라는 사람들에게 이 책이 도움이 되기를 바란다.

2022년 12월

정진희

"정체성 정치에 깔린 핵심 가정은 특정 차별을 받는 집단의 구성원들이 모두 단결할 수 있다는 생각이다. 그러나 비슷한 차별의 경험을 겪는 한 집단 내에서도 각각의 삶은 계급에 따라 매우 다르다. …
정체성 정치를 통해 대중적 결집이 이뤄진다 해도, 이런 결집은 언제나 일시적일 수밖에 없다. 운동 참가자들의 계급적 배경이나 정치적 지향이 상이하므로, 운동이 성장하면 운동의 방향을 놓고 정치적 차이가 커지기 마련이다."

1부

정체성 정치와 마르크스주의

정체성 정치, 차별에 맞서는 효과적 무기일까?

정체성 정치는 여성·성소수자·인종 차별 등에 맞선 여러 운동에서 널리 수용된다. 오늘날 '정체성 정치'나 '정체성'이라는 단어를 흔히 사용하지만, 이 개념은 1960년대 후반 이후 미국에서 여성·성소수자 운동 등이 부상하면서 폭넓게 사용되기 시작했다.

정체성은 '나는 누구인가,' '우리는 어디에 속하는가'라는 물음과 관련 있다. 다시 말해, 정체성은 개인이나 집단이 자신을 자각하거나 자신에게 의미를 부여하게 하는 특징이라 할 수 있다.

정체성 정치를 단순하게 다루는 경우가 흔한데, 사람들이 정체성 정치를 여러 의미로 쓴다는 것에 유의해야 한다. "'정체성 정치'라는 용어는 1960년대나 1970년대 이후 여러 형태로 사용돼 왔지만, 때때로 상이한 사람들에게 매우 다른 의미로 사용됐다"(위키피디아).

넓은 의미에서 정체성 정치는 특정 정체성에 호소해서 자신을 정당화하는 정치적 행위를 가리킨다. 진보·좌파만이 아니라 우파도 정체성 정치를 활용할 수 있다. 미국이나 유럽의 우파들이 인종차별을 정당화하고자 백인 정체성에 호소하는 것이 그런 사례다. 이때 허구적 관념('이주민 때문에 토박이 백인이 위협받는다' 등)이 사용되며 사회에서 천대받는 집단의 정체성을 비난하는 모습(예컨대, '무슬림 정체성이 사회 통합을 저해한다')을 보인다.

좁은 의미에서 정체성 정치는 차별받는 집단들이 자신들의 특수한 정체성에 기초해 싸우는 운동의 전략이나 조직 방식을 뜻한다. 이 글에서 다루는 정체성 정치도 이것이다.

정체성 정치를 논할 때는 먼저 차별받는 사람들의 정체성 정치와 우파의 정체성 정치를 구별해야 한다. 차별에 맞서 싸우고자 특정한 차별을 겪는 사람들이 모두 결집하자고 호소하는 것과, 특정 집단을 배척하고자 데마고기를 펴는 것은 사회적 성격이 완전히 다르다. 전자는 긍정적 측면이 있지만, 후자는 전혀 그렇지 않고 반동적이다.

차별받는 사람들과 정체성 정치

모든 사상이 그렇듯, 정체성 정치를 이해하려면 그것을 진공 속에서 고찰할 수 없다. 사회적·정치적 맥락 속에서 살펴봐야 한다. 차별받는 사람들이 정체성 정치에 이끌리는 것은 자신이 겪는 차별의 현실에서 비롯한다.

차별받는 사람들은 자신의 정체성을 인식하고 표현하는 것을 저항의 형태로 여길 수 있다. 여성 차별에 반대해 '여성들의 연대'를 호소하는 것을 흔히 볼 수 있다. 무지개 깃발을 들고 성소수자 자긍심 행진에 참가하는 것은 성소수자들에게 신나고 자신감을 주는 경험일 수 있다.

한국에서 정체성 정치가 집단적 저항의 방식으로 사용된 가장 인상적인 경험은 2018년 '불편한 용기'가 주도한 불법 촬영항의 운동이다. 수만 명이 참가한 이 대중운동의 주도자들은 분리주의 페미니스트로서 '생물학적 여성'의 단결에 강하게 호소했다. 비웨이브(워마드 주도)의 임신중단권 운동도 이런 사례다. 이들은 남성을 공공연히 배척하며 생물학적 여성의 단결을 강력히 주장했다.

그러나 분리주의 페미니스트만 정체성 정치를 사용하지는 않는다. 이보다 완화된 형태로 '여성 연대'를 호소하는 경우가 더 흔하다. 한국 여성운동의 주류인 NGO 여성 단체들은 1990년대부터 개혁 입법 활동과 여성 공직 진출을 위해 여성의 단결에 호소해 왔다. 여성의 경험은 남성과 완전히 다르고, 여성만이 여성을 대변할 수 있다는 논리를 폈다. 성소수자 차별에 맞서기 위해 성소수자끼리 연대해야 한다는 주장도 정체성 정치의 사례다. 여기서도 성소수자만의 연대를 추구하며 이성애자의 운동 동참을 거부하는 극단적 형태가 있지만, 더 흔한 형태는 성소수자들의 연대를 핵심으로 보며 이성애자의 동참은 중요하지 않은 것으로 취급한다.

이처럼 사회운동 내의 정체성 정치에도 여러 형태가 있다. 정체성 정치 옹호자들의 이데올로기적 색조에도 차이가 있다. 정체성 정치의 좌파적 버전은 자본주의 체제에 대한 비판이 결합된다. 그보다 더 온건한 세력들의 정체성 정치는 자본주의를 문제 삼지 않는다. 한국의 여성·성소수자 운동에서 지배적인 NGO들은 자본주의 내에서 기성 권력자들에게 인정받으며 그 일부로 편입되는 개혁주의 전략을 추구한다.

정체성 정치가 차별에 맞선 운동에서 늘 강력했던 것은 아니다. 정체성 정치는 미국에서 1970년대 후반부터 득세하기 시작해 1980년대에 번성했다. 한국의 사회운동에서 정체성 정치가 널리 수용된 것은 소련이 붕괴한 1991년 이후부터다. 정체성 정치의 득세는 혁명적 좌파가 이데올로기적 위기를 겪으면서 약화된 현실과 관련 있다. 1980년대 한국의 여성운동은 여성해방을 전체 사회변혁의 일부로 보는 '변혁적 여성운동' 노선이 지배적이었지만, 1990년대 초부터 여성운동의 주류는 국가를 타도할 대상이 아니라 협력할 수 있는 대상으로 보면서 국가의 지원을 얻고자 NGO로 전환했다. 일상생활의 변화가 강조됐고 여성 정치인이나 여성 국가 관료 배출이 여성운동의 핵심 목표가 되기 시작했다. 1990년대 중반에 등장한 한국의 동성애자 운동에서도 정체성 정치가 이내 득세했다.

차별받는 사람들에게 정체성 정치는 호소력이 있다. 그 강점은 공통의 분노와 정의감에 호소해 많은 사람들을 차별에 맞서는 운동에 동참시킬 수 있다는 데 있다. 이런 식으로 모인 사람들의 규모가 클수록 차별받는 사람들은 자신들이 단결해 있다는 느낌을 더 강하게 받는다. 그 운동에 처음 참가한 사람들일수록 이런 느낌을 더 강하게 받을 수 있다. 젊은 여성들이 참가자의 대부분을 차지한 2018년 불법 촬영 항의 운동에서 이런 정서가 두드러졌다. 이 운동의 주도자들은 기성 운동 단체들의 참가에 반대하며 '정치 배제'를 선언하는 아나키즘적[1] 성향을 띠었는데, '정치'가 개입되면 운동이 분열하므로 '여성'을 강조해야 운동의 단결이 유지될 수 있다고 봤다.

정체성 정치는 강점이 있지만 약점도 많다. 정체성 정치에 무비판적인 경향이 사회운동에 널리 퍼져 있으므로, 약점을 명확히 이해하는 게 중요하다. 차별에 맞서 효과적으로 싸우기 위한 전략과 전술을 마련하기 위해서다.

정체성 정치에 깔린 핵심 가정은 특정 차별을 받는 집단의 구성원들이 모두 단결할 수 있다는 생각이다. 그러나 비슷한 차별의 경험을 겪는 듯한 집단 내에서도 각각의 삶은 계급에 따라 매우 다르다. 호화 주택에서 살며 청소, 요리 등 온갖 궂은 일을 노동자들을 고용해 처리할 수 있는 부유층 여성들은 노동계급 여성들과 처지가 같지 않다. 자본가계급의 성소수자와, 성적 지향이 드러나 해고될 위험에 떠는 노동계급 성소수자의 삶도 다르다. 특정 차별을 겪어도 부유한 사람들은 차별로 인한 효과를 완화할 자원이 있다.

지배계급 여성이 투표나 이혼의 권리조차 인정받지 못한 자본주의 초기에도 지배계급 여성 대다수는 투쟁적 여성운동과 거리를 뒀고, 노동계급이 벌이는 파업과 시위를 격렬하게 반대했다. 19세기 말과 20세기 초의 여성참정권 운동을 단일한 여성운동으로 간주하는 사람들이 많지만, 이 운동은 결코 단일한 운동이 아니었다. 참정권 운동 내에서도 사회주의자들이 주도하는 노동계급적 운동과 중간계급 페미니스트들이 주도하는 운동이 경합을 벌였다. 출신 배경이 다른 여성들이 때때로 함께 시위를 벌였지만, 계급 문제 때문에 단결은 지속되지 못했다. 상층계급의 여성참정권론자들은 투표권 보장을 만병통치약으로 여겼고 노동계급의 처지에는 무관심했다. 제1차세계대전이 발발하자, 여성 활동가들 사이의 계급적 차이는 더 첨예해졌다. 상층계급 여성들은 거의 전폭적으로 전쟁을 지지하며 참정권 요구마저 포기했다.

정체성 정치를 통해 대중적 결집이 이뤄진다 해도, 이런 결집은 언제나 일시적일 수밖에 없다. 운동 참가자들의 계급적 배경이나 정치적 지향이 상이하므로, 운동이 성장하면 운동의 방향을 놓고 정치적 차이가 커지기 마련이다. 정체성 정치는 차별받는 사람들 사이에 엄연히 존재하는 계급적 차이를 무시하기에, 운동 내에 존재하는 목표와 전략의 차이를 가리는 효과를 낸다.

정체성 정치는 1980년대와 1990년대 서구 학계를 지배한 포스트마르크스주의와 포스트모더니즘 이론들에 기반을 뒀다. 이런 사상은 사회를 전체적으로 이해하려는 시도를 거부하며 정치·경제·이데올로기 영역을 서로 별개의 것으로 본다. 현실의 파편성을 강조하며 국지적 저항만이 가능하다고 여긴다. 한국에서는 1990년대 들어 포스트모더니즘이 학계와 주류 언론에 의해 널리 퍼졌다. 1989~1991년 동유럽과 소련의 스탈린주의 체제 붕괴를 보며 혁명적 사회 변화의 전망을 잃어버린 활동가들이 개혁주의로 이동하면서 이런 지적 분위기에 큰 영향을 받았다. 혁명적 변화를 부정하면서 계급과 계급투쟁을 배격하는 분위기가 진보 진영에서 유력해졌다.

마르크스주의적 계급 개념을 거부하는 것은 차별 문제를 계급 구조와 분리해 개인의 경험 중심으로 본다는 것을 뜻한다. 그래서 정체성 정치는 차별을 개인적 피해로 여기게 해, 집단적 저항을 호소할 때조차 시나브로 집단적 조직의 효과를 떨어뜨린다. 개인들의 피해 경험 드러내기를 고무하며 운동의 방향에 대한 이견 제시와 비판 등 정치적 주장을 펼치는 것을 부정적으로 보는 경향이 있다. 개인의 피해를 기준으로 불평등 문제를 제기하면, 초점이 자본주의 사회의 구조가 아니라 개인들 간의 불평등이나 차별적 태도에 맞춰지며 개인들을 성토하는 게 주가 된다. 그런데 개인 관계를 중심으로 바라보면 누가 차별 유지에 이해관계가 있는지 오해하기 쉽다. 남성 일반이 여성을 지배하고, 이성애자 일반이 동성애자를, 백인 일반이 흑인을 지배한다며 노동계급과 사회운동 내에서 적을 찾는 경향이 생긴다. 이런 분위기는 운동에 불필요한 분열을 초래하기 쉽고, 대중운동을 건설하는 데 걸림돌로 작용한다.

정체성을 강조해 운동을 조직하는 방식의 밑바탕에는 특정 차별을 직접 겪지 않는 사람들은 그런 경험을 이해할 수 없기에 함께 싸울 수 없다는 비관적 생각이 깔려 있다. 그러나 차별받는 당사자만이 차별의 경험을 이해하고 투쟁을 잘할 수 있는 것은 아니다. 특정 정체성을 중심으로 운동의 참가자를 제한하는 것은 투쟁의 확대를 제한해 운동이 강력해지는 것을 가로막는다.

정체성 정치는 차별받는 사람들의 단결을 주장해 운동이 지배계급 일부와 협력하는 방향으로 나아가도록 만들기도 한다. 차별 반대 운동 내에는 국가기구를 통해 평등을 성취한다는 개혁주의 전략이 우세하다. 이런 운동을 이끄는 중간계급 인자들은 흔히 정체성 정치를 이용해 체제의 상층부로 진입하려 한다.

지배계급은 운동이 성장하면 그 운동의 상층부를 포섭해서 투쟁의 에너지를 흡수하며 운동을 약화시키려 든다. 차별 반대 운동을 주도하는 중간계급 인사들을 국가기구로 흡수해 통치의 정당성을 부여하려는 시도가 흔해졌다.

이를테면, 문재인 정부는 성차별 해소에 진지한 관심도 없으면서 중간계급 여성운동 지도자들을 상층부로 끌어들여 생색내기를 했다. 동시에 노동계급 여성과 남성 모두의 조건을 악화시키는 공격도 벌였다. 이런 생색내기와 모순은 새삼스럽지 않다. 김대중 정부와 노무현 정부 때도 이미 그랬다. 1998년 초유의 심각한 경제 위기 속에서 김대중 정부는 노동계급에게 해고, 복지 삭감 등의 혹독한 긴축정책을 강요하는 한편, 한국여성단체연합(이하 여연) 계열 여성 단체 간부들을 대거 정부와 여당에 끌어들이기 시작했다. 여러 개혁 입법이 이뤄지고 문재인은 페미니스트 대통령을 자처했지만, 대다수 여성에게는 실질적 개선이 거의 없었다. 노동 개악으로 노동계급 여성들은 노동조건과 생활 조건이 악화돼 왔다.

국가기구에 진출한 여성운동가들은 국가기구를 책임 있게 운영해야 한다는 논리의 포로가 됐다. 여연 대표 출신인 한명숙은 국회의원, 장관에 이어 총리까지 됐지만, 실질적 개혁을 제공하기는커녕 여성 노동자들의 노동조건을 후퇴시키는 법안을 발의했고 여성 노동자 투쟁을 탄압하는 데도 동참했다.* 지난 민주당 정부 집권기에 주류 여성 단체들은 그 정부들을 지지하며 신자유주의 정책 추진에 대한 비판을 삼갔다. 민주당 정부의 생색내기식 대책과 노동 개악을 비판하는 경우는 매우 드물었고, 노동자 투쟁에도 거의 무관심했다.

몇몇 개혁만으로는 불충분하다고 보는 사람들은 국가가 여성 운동을 흡수하려는 것을 경계한다. 이들은 흔히 여성들의 '자율적' 운동을 강조한다. 그러나 이런저런 운동의 필요성만 얘기하며 운동이 어디로 나아가야 할지 방향을 제시하지 않는 운동주의로는 개혁주의의 대안이 될 수 없다. '불편한 용기'가 불법 촬영물에 항의하는 대중 시위를 조직하며 NGO가 주도하는 여성 운동에 도전했지만, 그 운동은 정치적 약점(단일쟁점주의, 분리주의 등)이 극복되지 못한 채 7개월 만에 중단됐고 다시 NGO가 여성운동을 주도하게 됐다.[2]

어떤 운동이든 대중운동이 분출하면 그 운동 내에서 상이한

* 2000년 말 유급 출산휴가 기간 연장과 함께 근로기준법을 개악(여성의 야간·휴일·시간외 근로 제한 규정을 대폭 완화)하는 법안을 발의하고, 개정안을 이듬해 국회에서 통과시키는 데 앞장섰다. 유급 출산휴가 확대 법안에 기업주들이 반발하자 "여성 노동자들에 대한 과보호를 해소하는 방안[근로기준법 개악안]"도 있다고 밝혔다.

최초의 여성 총리가 된 2006년에는 자신에게 면담을 요청하며 농성하는 KTX 비정규직 여성 노동자들에게 경찰력을 투입해 연행되게 했다.

전략을 추구하는 사람들이 생겨나 운동이 분화되는 것을 막을 수 없다. 단일 쟁점 운동의 한계를 인식하고, 차별의 사회적 뿌리에 주목하며 지배계급의 권력에 도전할 수 있는 혁명적 운동의 전망과 정치에 대해 고민해야 한다.

한편, 한국의 성소수자 운동에서도 정체성 정치가 강력한데, 운동주의와 함께 중간계급 지도자들의 개혁주의가 공존한다. 후자는 개혁 입법이나 국가인권위의 지침 등을 활용하고 문재인 정부를 지지해 성소수자 차별을 없애려는 개혁주의 전략을 추구했다. 그러나 문재인 정부는 성소수자 차별 개선에 아무 관심도 보여 주지 않았고 심지어 차별을 부추기는 데 동조하기도 했다. 성소수자 단체들은 이에 실망해 비판적 성명을 내곤 했지만, 정부와의 협력 기조를 근본에서 바꾸진 않았다.

한국의 지배계급이 아직 성소수자 운동에 실질적 양보책을 내놓지는 않고 있지만, 서구에서는 지배계급이 몇몇 개혁적 조처를 내놓고 일부 운동가를 체제의 상층부로 흡수했다. 투쟁적 성소수자 운동이 초기에 비해 크게 약화됐고 현재는 부유한 성소수자들이 운동을 주도하고 있다. 오늘날 서구에서는 대자본가나 부르주아 정치인이 성소수자 정체성을 드러내는 경우가 흔하다. 그러나 이들도 노동계급의 일자리와 조건을 공격하기는 여느 권력자들과 마찬가지다. 기성 체제의 일부로 편입되기를 원하는 중간계급은 정체성 정치를 옹호해 왔지만, 노동계급 성소수자들의 조건 개선에는 무관심했다.

정체성 정치는 집단적 저항을 호소하는 데 이용되기도 하지만, 개인들의 정체성을 표현하는 데 그치는 경우가 흔하다. 이것은 운동을 주도하는 중간계급적 인자들의 개인주의와 온건함에 잘 부합한다.

마르크스주의와 차별로부터 해방

정체성 정치는 여러 차별이 사회의 계급 구조와 분리돼 각각 자율적 원리로 일어난다고 본다. 이렇게 사회를 파편적으로 보는 시각은 차별을 개인의 문제로 보게 만들어 사회 변화에 비관적인 생각을 낳을 수 있다. 혁명은 불가능하고 기껏해야 온건한 변화만 가능하다고 보게 된다.

겉보기에는 별개의 현상으로 보여도 그것을 전체 사회의 일부로 봐야 한다. 차별의 형태와 경험은 사회의 작동 방식이라는 더 넓은 문제와 분리해서는 제대로 이해할 수 없다. 차별은 계급을 가로질러 일어나지만, 계급 관계와 분리돼 독자적으로 일어나는 것은 아니다.

또, 차별의 특정 형태와 경험은 시간이 흐르면서 바뀐다. 이를테면, 자본주의에서 과거 수십 년에 걸쳐 일어난 구조적 변화로 세계적으로 수많은 여성이 노동자가 됐고, 이로써 여성이 차별을 경험하는 방식과 차별에 저항할 수 있는 가능성에도 변화가 생겼다.

마르크스주의는 차별이 불변의 인간 본성에서 비롯한 게 아니라 역사적으로 특정한 사회의 산물이라고 본다. 계급사회 이전에는 여성·성소수자 등에 대한 체계적 차별이 없었다. 여성 차별과 섹슈얼리티에 대한 통제는 계급사회에서 발전한 가족제도에 뿌리를 두고 있다.

여러 차별은 지배계급의 분열 지배 전략과도 관련 있다. 소수의 지배계급이 피지배계급을 이간질해 힘을 약화시키는 것은 계급사회에서 오래된 통치 전략이다. 성, 성적 지향, 피부색, 국적 등을 이용해 차별을 부추겨 노동계급의 단결력을 약화시키고 투쟁의 성장을 막으려 한다.

마르크스주의에서 계급은 사회학자들의 사용법과는 달리 하나의 정체성을 가리키는 말이 아니라 사회적 관계를 가리키는 말이다. 즉, 계급은 생산에서 사람들이 맺는 사회적 관계다. 자본주의가 굴러가는 핵심 원동력은 임금노동에 대한 착취에서 나온다. 그래서 계급 관계는 그저 여러 사회관계의 하나가 아니라 핵심적 사회관계다.

계급은 차별의 원천일 뿐 아니라 권력의 원천이고 다양한 배경과 중첩되는 여러 차별을 겪는 사람들이 단결할 수 있는 잠재력의 토대다. 마르크스는 노동계급을 보편적 계급이라고 불렀다.

노동계급 사람들이 모두 똑같아서가 아니라 착취받으면서 자본주의에서 공통의 이해관계를 공유하며 계급사회를 폐지할 수 있는 특별한 잠재력을 가지게 되기 때문이다.

마르크스주의가 차별 문제를 무시한다는 흔한 오해와 달리, 고전적 마르크스주의는 차별받는 집단의 투쟁을 옹호해 온 전통이 있다. 마르크스와 엥겔스, 레닌, 트로츠키, 룩셈부르크 등은 피억압 민족의 자결권과 여성해방 지지, 인종차별 반대 등을 분명히 했고, 차별에 맞선 투쟁을 사회주의를 위한 투쟁의 일부로 규정했다.

과거 소련, 동유럽 등 스탈린주의 체제가 '마르크스주의'를 표방한 것 때문에 마르크스주의에 대한 오해와 왜곡이 많이 생겨났다. 그렇지만 이들 체제는 고전적 마르크스주의자들의 아래로부터 사회주의 전통과 정반대인 국가자본주의 체제였을 뿐이다.[3]

마르크스주의가 노동계급의 전략적 중요성을 말한다고 해서 여러 형태의 차별을 무시하거나 차별을 한낱 계급 적대의 부수적 현상으로 환원하는 것은 아니다.

노동계급이 차별에 맞서는 투쟁을 지지하는 것은 노동계급의 경제적 이득뿐 아니라 정치의식의 발전이라는 면에서도 아주 중요하다. 그래서 레닌이 혁명적 사회주의 정당은 "민중의 호민관"이 돼야 한다고 주장한 것이다.[4] 자본주의에서 피착취 계급인 노동계급은 성, 성적 지향, 인종 등 여러 정체성으로 분열할 경우

이득을 보는 게 아니라 손해를 본다. 노동계급은 지배계급이 퍼뜨리는 이간질에 맞서지 않는다면 계급적 단결과 해방을 성취할 수 없다.

노동계급이 차별에 맞서 싸우는 것이 예정된 길은 아니다. 현실에서 노동계급은 적잖이 분열되는 모습을 보인다. 노동계급 내에는 여성이 남성과 같은 임금을 받아야 한다는 주장에 반대하거나 성소수자에 대한 편견을 드러내는 사람들이 있다. 외국인 노동자나 난민을 배척하는 일도 일어난다.

그렇지만 이런 분열이 정해져 있는 것도 아니다. 따라서 사회주의자들이 이런 문제에 개입해 논쟁하면서 차별받는 사람들을 옹호하는 게 중요하다. 노동계급 내 차별을 용인한다면 분열로 모두의 힘이 약화되고 조건 악화로 이어질 수 있음을 설득해야 한다.

차별로 인해 노동계급의 분열이 드물지 않게 일어나지만, 노동계급은 차별에 맞서 단결할 잠재력도 있다. 세계 노동운동의 역사를 보면 노동계급이 성, 성적 지향, 인종, 국적 등을 뛰어넘어 단결해 투쟁한 예들이 많다. 러시아 혁명이 그런 사례다. 이 혁명으로 많은 여성 개혁 입법이 이뤄졌고 가사의 사회화가 추진됐다. 동성애가 합법화됐고, 여러 피억압 민족이 자결권을 인정받았다.[5] 내전과 혁명의 고립 속에서 부상한 스탈린주의 관료에 의해 혁명의 성과가 후퇴하고 마침내 1920년대 말 이후 사라졌지만, 러시아 혁명은 노동계급 혁명의 잠재력을 잠시 보여 줬다.

차별받는 사람들의 운동은 노동계급의 투쟁이 전진할 때 성공을 거두기 쉽다. 노동계급의 자신감이 고양되는 계급투쟁의 상승기에는 착취뿐 아니라 차별에 맞선 투쟁도 많이 일어나며 둘이 결합되기도 쉽다. 사회주의자들이 노동계급의 조직과 운동 속에 뿌리내린 곳에서 그런 일들을 성공적으로 벌인 사례가 세계적으로 많다.

차별에 맞선 운동이 효과적이려면 특정 정체성에 따른 조직 방식이 아니라 최대한 광범한 사람들에게 함께 싸울 것을 호소해야 한다. 특히 노동계급 대중의 참가를 환영해야 한다. 차별받는 사람들의 다수가 노동계급이다. 무엇보다, 노동계급이 차별에 맞선 투쟁에 대거 참가한다면 그 운동의 힘이 커져서 지배계급에게 실질적 양보를 얻어 낼 가능성이 높아진다. 지배자들은 대중운동을 쉽게 제쳐 버릴 수 없고, 이윤에 타격을 가할 수 있는 노동계급의 급진화를 특히 두려워한다.

이윤 중심의 자본주의 체제에서는 차별받는 사람들 대다수의 삶이 지속적으로 나아질 수는 없다. 경제 위기가 장기화되며 더 깊어지는 상황에서는 평등을 위한 개혁 입법도 보수파의 공격을 받으며 유명무실해지거나 후퇴하기 쉽다. 자본주의 위기 속에서 노동계급은 실업, 노동조건 악화, 빈곤, 분쟁이나 기후 위기 등으로 고통을 겪는다. 차별받는 사람들이 해방되려면 평등을 위한 투쟁을 혁명적 전망과, 즉 착취와 차별을 낳는 자본주의를 폐지하는 전망과 결합시켜야 한다. 착취와 차별 모두에 맞서는 노동계급의 정치적 투쟁이 성장해, 이윤이 아니라 대중의 필요가 중심인 사회를 건설해야 한다.

교차성이 정체성 정치의 대안일까?

요즘 페미니스트와 일부 사회주의자 사이에 교차성 개념이 유행하고 있다. 교차성 개념은 1990년대를 거치면서 서구 학계에서 폭넓은 지지를 얻게 됐는데, 이제 학계뿐 아니라 사회운동가들 사이에서도 이 개념이 널리 사용되고 있다. 특히 2000년대에 북미와 영국 등지에서 부상한 '새로운 페미니즘'에서 교차성 개념이 상당히 인기가 있다.

한국에서도 이 개념을 사용하는 지식인과 사회운동 활동가가 많아졌다. 여성, 성소수자, 장애인 등 여러 차별 반대 운동에서 많은 활동가들이 이 개념을 사용해 차별을 설명한다.

학계와 사회운동에서 교차성 개념이 널리 사용되고 있지만 이것이 하나의 체계적 이론을 뜻한다고 보기는 어렵다. 상이한 이론적 전통에 서 있는 사람들이 교차성 개념을 받아들여 자신들의 견해를 펼치는데, 교차성 개념은 흔히 차별의 경험을 기술하는 차원에서 사용된다.

그럼에도 여러 이론가가 교차성 개념을 사용할 때 차별을 이해하는 특징적 접근법이 명시적이거나 은근하게 깔려 있다. 따라서 일부 마르크스주의자가 그러듯이, 교차성이 단지 현상을 기술하는 용어일 뿐이라며 마르크스주의 이론과 얼마든지 조화될 수 있는 양 취급하는 것은 위험하다.

교차성 개념을 옹호하는 사람들은 이 개념이 사회에서 배제되고 차별받는 사람들이 자신의 목소리를 낼 수 있도록 힘을 부여한다고 말한다. 다양한 차별의 경험을 기존 사회 이론들보다 더 잘 설명해 더 효과적인 차별 반대 운동을 건설할 수 있게 한다는 주장도 있다. 일부 마르크스주의자는 교차성 개념이 마르크스주의의 이론과 실천을 발전시키는 데 유용하다고 주장하기도 한다.

교차성 개념의 뿌리

교차성이라는 용어는 미국의 페미니스트이자 법학 교수인 킴벌리 크렌쇼가 흑인 여성이 겪는 차별의 특수한 경험을 드러내기 위해 1989년에 처음 사용했다. 제너럴모터스에서 정리 해고된 흑인 여성 노동자들이 회사를 상대로 차별금지법 위반 소송을 제기한 사건에서 크렌쇼는 법률이 성차별과 인종차별을 별개로 다룬다고 비판했다. 그는 차별받는 사람들의 처지를 교차로에 서 있는 상황에 비유하며 교차성 용어를 사용했다.

이처럼 교차성 개념은 흑인 여성들의 차별 경험을 이해하는 방식으로 제시됐다. 크렌쇼는 1991년에 쓴 논문에서 당시 페미니스트와 인종차별 반대 학자들이 흔히 받아들이던 "단일 축 체계"를 거부하고 교차성 용어를 사용해 "흑인 여성 … 경험의 다층적 차원을 형성하는 젠더와 인종이 서로 교차하는 다양한 방식"을 다루려 했다.[1] 즉, 교차성은 성차별과 인종차별을 각각 분리해 별도로 취급하는 것이 아니라 서로 다른 차별이 동시적으로 얽혀 있다고 이해하는 접근법을 뜻했다. 교차성 개념은 처음에는 흑인 여성들이 겪는 차별의 경험을 이해하기 위한 방식으로 나타났지만, 그 뒤 매우 다양한 차별 사이의 관계를 이해하려는 시도로 확장돼 왔다.

그런데 서로 다른 차별이 상호작용한다는 생각을 크렌쇼가 처음 제시한 것은 아니었다. 미국에서는 이미 19세기부터 흑인 여성 활동가들이 백인 여성들과 달리 흑인이자 여성으로서 겪는 차별의 문제를 제기했다. 1970년대 흑인 페미니스트들은 인종·계급·젠더의 다층적 억압을 "맞물리는 억압", "동시적 억압", "이중 구속", "삼중 구속" 등의 말로 표현했다.

흑인 페미니즘은 여러 면에서 미국 여성운동의 특성에 대한 반발을 나타냈다. 1960년대 후반 등장한 미국의 여성운동은 백인 중간계급 페미니스트들이 주도했는데, 흑인 여성들은 그들이 관심을 두는 쟁점과 그것을 다루는 방식에 거리감을 느꼈다. 흑인 페미니스트들은 여성운동이 인종차별이나 계급 문제를 무시하고 있고 자신들은 여성운동에서 배제돼 있다고 여겼다. 많은 흑인 페미니스트는 백인 중간계급 페미니스트들이 자신들의 경험을 모든 여성의 경험인 양 보편화한다고 비판했다.

이런 비판은 여러 면에서 타당했다. 미국 여성운동은 사회주의적 좌파와 노동계급 운동이 매우 취약한 조건에서 주로 중간계급에 기반을 둔 운동으로 등장해 상당히 협소했다. 이런 협소함은 운동의 쟁점 선택이나 쟁점을 다루는 방식에도 반영됐다. 또한 백인 중간계급 페미니스트들은 인종차별 문제를 무시하는 것을 넘어 인종차별적 태도를 보이는 경우도 적지 않았다.

흑인 페미니즘은 모든 여성이 동일한 경험을 하며 단일한 이해관계를 갖는다는 주장을 반박했는데, 마르크스주의자들도 오래전부터 그런 견해에 비판적이었다. 오래전부터 고전 마르크스주의자들은 여성이 모두 차별받지만 차별의 경험이 계급에 따라 상당히 다르고, 차별에 맞서는 데서 여성이 모두 동일한 이해관계를 갖는 것이 아니라고 주장해 왔다.

그러나 많은 흑인 페미니스트가 과도하게 일반화한 것과는 달리, 백인 페미니스트들이 모두 인종차별과 제국주의와 계급 문제를 무시한 것은 아니다. 1960년대 후반에 등장한 여성운동에는 반전운동과 시민 평등권 운동에 참여하던 여성이 많이 참가했다. 당시 새롭게 부상한 미국 여성운동에는 성차별뿐 아니라 자본주의와 제국주의에도 반대하는 급진적 활동가가 많았다. 그렇지만 1970년대 중반 이후 사회운동이 전반적으로 쇠퇴하는 가운데 여성운동은 갈수록 협소해지며 정치도 보수적으로 바뀌었다.*

따라서 미국 여성운동의 약점을 계급 기반과 정치에서 찾지 않고 백인이라는 '정체성'에서 찾는 것은 옳지 않다. 사실, 흑인 페미니즘도 단일하지 않다. 흑인 페미니즘의 저작을 보면, 흑인이고 여성이라는 사실이 단일한 정치를 가능케 하는 하나의 기반으로 흔히 간주된다. 대표적으로 국내에 번역 소개된 주요 흑인 페미니즘 사상가인 퍼트리샤 힐 콜린스의 1990년작 《흑인 페미니즘 사상》이 그렇다. 그러나 현실은 그렇지 않다.

흑인 페미니즘이 백인 여성 주도의 여성운동에 비판적이라는 공통점이 있지만, 단일한 사상을 공유하는 것은 아니다(급진 민족주의, 포스트모더니즘, 마르크스주의 등 다양하다). 분리주의

* 1960년대 후반 자유주의적 페미니즘에 반발하며 등장한 남녀 대립적 페미니즘은 초기에는 급진적 성격을 띠었으나 갈수록 개인들의 관계에 관심을 집중하며 분리주의를 강하게 발전시켰다. 남녀 대립적 페미니즘은 노동계급 운동에 뿌리가 없었고 1970년대 중반 지배계급이 사회운동 전반에 대한 공격을 강화하자 갈수록 우경화했다.

에 대해서도 흑인 페미니즘은 단일한 태도를 취하지 않았고 핵심 인물들 사이에 논쟁이 있었다. 예컨대 국내에 책이 여러 권 번역 소개돼 있는 벨 훅스는 1970년대의 흑인 페미니스트 그룹인 '컴바히강 공동체'가 백인 여성과 분리해 별도로 흑인 여성을 조직하기로 결정한 것을 투쟁을 포기한 반동적 움직임이라고 비판했다. 훅스는 흑인 페미니스트 그룹이 백인 여성을 적극 배제하며 특별히 흑인 여성과 관련된 쟁점에 초점을 두는 경향을 우려했다.[2]('컴바히강 공동체'는 흑인 레즈비언으로 이뤄졌지만 레즈비언 분리주의 전략에는 반대했다. 그들은 흑인 남성과는 연대한다고 선언했다.) 한편, 여성운동에서 흔히 사용된 '의식화' 방식은 '컴바히강 공동체'를 포함한 흑인 페미니스트들도 두루 사용했다.

교차성 개념의 강점과 약점

교차성 개념의 기본 사상은 여성·인종·섹슈얼리티·계급·장애 등에 따른 차별이 각각 분리된 것이 아니라 서로 교차하면서 일어난다는 생각이다. 이것은 차별에 대한 단순한 '더하기' 접근법을 극복하는 것으로 얘기된다. 즉, 사람들이 겪는 차별은 각 차별의 단순 합이 아니라, 여러 차별이 교차하면서 서로 강화된다는 것이다.

이것은 차별받는 사람들이 겪는 경험을 묘사하는 데는 어느 정도 유용하다. 예를 들어, 모든 여성이 성적 대상화에 시달리지만, 흑인 여성의 성은 흔히 백인 여성의 성보다 더 위험하다고 묘사된다. 여성에 대한 편견과 흑인에 대한 편견이 동시에 작용하며 흑인 여성의 고통을 가중시킨다.

그러나 교차성 개념은 이런 경험을 서술하는 수준을 넘어서면 곧 한계에 부딪힌다. 여러 차별이 서로 갈마든다는 현상 묘사를 넘어, 차별들이 왜 일어나는지 왜 교차하는지 설명하지 못하기 때문이다.

물론 차별의 경험을 서술하는 것은 중요하다. 생생하고 풍부한 묘사는 사람들의 공감을 끌어내며 현실을 구체적으로 이해하는 데 도움이 된다. 차별을 예리하게 드러내는 서술은 차별받는 사람들이 스스로 투쟁하도록 자신감을 줄 수 있다. 또, 사람들이 모든 차별을 직접 경험하지 않아도 다른 사람들이 겪는 경험을 이해하도록 도와 차별에 맞서는 투쟁에 연대하는 데도 보탬이 된다.

그러나 우리가 차별에 맞서 효과적으로 싸우려면, 차별의 양상뿐 아니라 근원을 꼭 알아야 한다. 그래야만 차별을 없앨 수 있는 전략과 차별 없는 사회의 전망을 얘기할 수 있다.

크렌쇼의 교차로 비유는 차별의 근원을 이해하려 할 때는 방해가 되는데, 인종차별과 성차별이 완전히 다른 방향에서 나와

서 교차한다는 얘기는 차별의 뿌리가 각기 다르다는 것을 암시하기 때문이다(실제로, 크렌쇼는 차별에 맞선 투쟁을 포스트모더니즘 이론과 융합하려는 시도로 교차성 개념을 만들어 냈음을 밝혔다). 이것은 모든 차별의 원천을 계급사회에서 찾는 마르크스주의적 설명과는 매우 다르다.

교차성 이론가들은 종종 계급을 얘기하지만, 계급을 그저 불평등의 한 양상으로만 이해할 뿐 자본주의의 착취적 사회관계로 이해하지 않는다. 계급은 여러 차별 중 하나이거나 또 다른 정체성쯤으로 취급된다. 그러나 불평등을 착취적 사회관계와 연관해 이해하지 못하면 불평등이 어디서 비롯하는지 제대로 이해할 수 없고, 무엇보다 불평등을 끝낼 수 있는 사회 세력도 발견할 수 없다.

자본주의는 자본들의 경쟁적·강박적 축적이 핵심 동학이므로, 핵심 사회관계는 자본과 노동의 계급 관계다. 임금노동을 착취해서 얻는 이윤을 축적하는 자본주의 사회에서 차별은 착취와 동떨어져 있는 것이 아니라 구조적 연관을 맺으며 일어난다. 자본주의에서 차별은 단순히 개인들의 편견이나 욕망에서 비롯한 것이 아니라 착취적 사회관계와 이를 지탱하는 사회제도들에 물질적 기초를 두고 있다. 지배계급은 착취를 강화하고 자신들의 지배를 유지하기 위해 다양한 차별을 체계적으로 부추긴다.

자본주의에서 노동계급은 단지 고통받는 사람들의 일부인 것만이 아니다. 지배계급 권력의 원천인 이윤을 생산하는 사람들이다. 바로 여기서 노동계급이 자본주의 체제에 맞설 수 있는 힘이 나온다. 이처럼 마르크스주의에서 계급은 단지 불평등의 원천이 아니라 무엇보다 불평등을 없앨 수 있는 힘의 원천이 어디에 있는지를 알 수 있게 해 주는 개념이다.

교차성 개념은 계급을 여러 '정체성'의 하나로만 취급해, 자본주의에 도전할 수 있는 노동계급의 혁명적 잠재력을 이해하지 못한다. 그래서 차별을 뿌리 뽑을 수 있는 전략을 제시하지 못한다.

이쯤에서 교차성 개념이 정체성 정치의 약점을 극복하는 데 도움을 준다는 견해를 검토할 필요가 있다. 교차성 이론가들이 정체성 정치를 비판하는 것은 맞다. 크렌쇼는 여성이나 인종 같은 한 집단의 정체성을 동질적으로 보는 시각이 어떻게 그 집단 내부의 차이를 은폐하는지를 비판했는데, 이런 비판을 여러 교차성 이론가도 공유한다.

그러나 교차성 개념이 정체성 정치와 완전히 단절했다고 보기는 어렵다. 물론 정체성을 고정된 것이 아니라 바뀌는 것으로 여기고, 하나의 정체성이 아니라 다수의 정체성이 서로 연결돼 개인의 정체성을 형성한다고 본다는 점에서 기존의 정체성 정치 개념과 다르다. 그렇지만 교차성 개념도 개인의 경험을 사회의 계급 구조와 체제의 작동 방식 속에서 고찰하는 것이 아니라 정체성의 문제로 접근하는 정체성 정치의 이론적 틀을 따르고 있다.

크렌쇼를 비롯해 많은 교차성 이론가가 정체성 정치의 이론적 기초를 이룬 포스트모더니즘이나 포스트구조주의에 큰 영향을 받았다. 이런 사상은 사회를 전체로서 이해하는 것을 거부하며 저항을 개별화한다.

물론 개인의 정체성을 고정불변의 것으로 여기는 기존의 정체성 정치보다 교차성 개념이 훨씬 더 유연하기 때문에 정체성 정치의 배타성에 비판적인 사람들은 교차성 개념에 매력을 느낄 수 있다. 그래서 기존 정체성 정치의 부정적 효과, 즉 차별의 위계를 설정하며 도덕주의적 분위기를 조성하고 운동을 더욱 분열시키는 경향을 극복하려는 사람들은 교차성 개념을 환영한다. 2000년대에 서구에서 부상한 '새로운 페미니즘'에서 교차성 개념이 인기를 끈 것은 이런 맥락이다.

분명 이것은 정체성 정치가 사회운동을 지배하던 시기에 비해 진일보한 면이 있다. 흑인·무슬림·동성애자·트랜스젠더 등은 사회운동에서도 종종 배척되는 경우가 있는데, 더 유연한 정체성 개념을 도입하는 것은 더 넓은 연대를 추구하는 데 이용될 수 있다는 장점이 있다. 교차성 개념이 포용적 정치라는 의미로 활동가들에게 환영받는 상황에는 2000년대에 부상한 반자본주의 운동이 낳은 이데올로기적 급진화가 반영돼 있다.

그러나 앞서 지적했듯이, 교차성 개념 역시 정체성 이론의 틀로 사회를 바라보기 때문에 정체성 정치의 약점에서 완전히 자유롭지는 않다. '정체성'은 기본적으로 개인의 경험(물질적 조건에 바탕을 두고 있지만)에 관한 주관적 인식이기 때문에, 정체성을 중심으로 차별을 이해하면 차별의 물질적 기초를 놓치고 개인의 주관적 경험이 특권화된다. 그리되면 개인들 사이에 존재하는 차별적 태도가 핵심 문제로 부각되면서 차별의 책임을 체제와 지배계급이 아니라 평범한 개인들에게 돌리며 운동을 분열시키거나 파편화시킬 수 있다(바로 이것이 정체성 정치가 사회운동에서 득세할 때 생기는 문제였다).*

차별받는다는 경험만으로 사람들이 저절로 단결하게 되는 것은 아니다(메갈리아가 게이 비하 문제로 분열한 것을 떠올려 보라). 차별의 경험은 때때로 사람들이 정치화되고 투쟁에 나서게 하지만, 다양한 차별은 사람들을 쉽게 분열시키기도 한다. 따라서 차별 반대 운동이 이런 분열을 극복하며 강력한 운동을 건설하려면, 차별의 근원이 어디에 있고 누가 차별에서 진정한 이득을 보는지에 관한 올바른 분석이 필요하다.

그런데 교차성 이론가들은 개인들이 여러 차별을 복합적이고 동시적으로 경험한다는 점을 강조하면서 그런 분석을 회피하거

---

* 개인들의 차별적 태도는 당연히 도전받아야 하지만, 집단적 투쟁을 벌이면서 토론과 논쟁을 통해 후진적 생각을 바꾸려는 것이 아니라, 개인들의 태도 변화를 투쟁 참가의 선결 조건처럼 여기는 관점은 문제가 있다.

나 아예 잘못된 분석을 내놓기도 한다. 상당수 교차성 이론가들이 정체성 정치의 파편성과 분열주의를 재현할 특권 이론을 받아들인다. 예를 들어, 킴벌리 크렌쇼는 "가장 특권을 누리는 집단의 구성원들이 여러 부담을 지닌 사람들을 주변화시키는 것에 [자기 분석의] 초점"을 둔다. 퍼트리샤 힐 콜린스는 "지배의 매트릭스(그물망)"라는 용어를 사용하며 "우리 각자는 우리 삶의 틀을 구성하는 복합적 억압의 체계에서 상이한 양의 불이익과 특권을 얻는 것"일 뿐이라고 주장했다.

콜린스의 권력 개념은 포스트구조주의적 권력 개념을 수용한 것이다. 그는 권력을 "집단의 소유물이 아니라, 특정한 지배의 매트릭스 안에서 순환하는 무형적 실체이며 다양한 위치에서 개개인들이 맺는 관계"로 설명한다.[3]

미셸 푸코와 주디스 버틀러 등이 발전시킨 포스트구조주의 사상은 정체성 정치를 본질주의라며 거부했지만 계급 권력이라는 생각 또한 거부했다. 포스트구조주의자들은 "지배"와 "권력관계"가 곳곳에 있다고 봤고, 개인들을 모두 권력을 실행하는 주체에 불과한 것으로 치부했다.

물론 포스트구조주의 사상이 때로는 저항을 고무하는 데 사용되기도 한다(그러나 모든 곳에 권력이 있다고 하는데, 그렇다면 저항은 어떻게 가능한지를 이론적으로 설명하지는 못한다). 특히, 한국에서도 상당히 인기 있는 버틀러는 이스라엘에 반대해 팔레스타인인들의 투쟁을 지지하고 성소수자 자긍심 행진의 상업화에 반대하는 등 분명 급진적 면모를 보여 온 반자본주의자다.

그렇지만 포스트구조주의는 사회를 전체적으로 이해하는 것을 거부하고 앞에서 말한 권력 개념을 받아들여, 체제에 맞서는 전반적 저항 대신 파편화된 저항을 고무한다는 약점이 있다. 노동계급이라는 개념도 '본질주의', '허구적 보편성'이라며 거부하는 견해는 자본주의 체제를 변혁해 보편적 인간 해방을 이룰 수 있는 주체를 찾지 못하는 난점을 만든다.

특권 이론을 수용하면 투쟁을 제대로 벌이지 못하게 된다. 미국 등지에서 아주 인기 있는 특권 이론에 따르면, 우리 모두는 피해자인 동시에 가해자가 된다. 사람들은 모두 지배의 체제에서 벗어날 수 없기 때문이다. 해결책은 개인들이 자신들이 지녔을지 모르는 특권을 '점검'하는 것이 된다.

이런 시각은 차별에 대한 도전을 개인의 자기 성찰로 환원해 투쟁을 회피하며 교육 등으로 해결하려는 온건한 개혁주의적 접근법을 강화하거나, 투쟁을 파편화시킬 위험이 크다. 특권 이론이나 개인적 정체성을 결정적 요인으로 여기는 이론은 모두 결국 노동계급의 분열과 파편화를 부추기게 된다.

이것은 노동계급의 해방뿐 아니라 노동계급이 아닌 차별받는 대중의 해방도 가로막는다. 역사는 노동계급의 투쟁이 약화됐을 때 지배계급의 공격으로 여성·유색인·성소수자 등 차별받는 다수의 삶도 악화됐음을 보여 준다.

마르크스주의와 교차성 개념은 조화될 수 있는가?

일부 마르크스주의자는 교차성 개념이 차별을 더욱 구체적으로 이해하는 데 유용하므로 교차성 개념을 마르크스주의적 논의를 확장하는 데 이용할 수 있다고 주장한다. 미국의 사회주의자 섀런 스미스가 2015년 출판한 책에서 흑인 페미니즘을 다루면서 이런 주장을 했다. 스미스는 교차성이 차별의 원인을 설명하는 이론이 아니라 차별의 경험을 묘사하는 개념일 뿐이라며 교차성 개념을 마르크스주의 이론과 통합하려 한다.[4]

그러나 앞서 봤듯이, 교차성 개념은 차별의 근원을 설명하지 못할 뿐 아니라 마르크스주의와 충돌하는 방법에 바탕을 두고 있다. 특히, 교차성 개념은 자본주의 체제 변혁에서 노동계급의 핵심적 구실을 부정해 계급투쟁적 해방 전략을 반대하는 데 이용되기 쉽다.[5]

흔한 오해와 달리, 사회변혁에서 노동계급의 전략적 중요성을 주장하는 마르크스주의 이론은 차별을 노동계급만이 겪는 것으로 보거나 경제적 착취 문제로 환원하지 않는다. 이 점은 마르크스주의 이론과 실천 모두에서 드러난다. 자본주의를 전복해 착취와 차별 모두를 끝장낼 수 있는 혁명적 잠재력이 있는 핵심 세력이 노동계급이라는 주장과 그에 부정적인 이론적 개념을 절충하는 것은 기회주의적인 것이다. 유행하는 사상에 맞춰 전략적 강조점을 흐리는 것은 사회주의자들이 새로운 세대의 활동가들과 연관 맺는 효과적 방식이 아니라 운동의 꽁무니를 좇는 것일 뿐이다.

스탈린주의나 기계적 유물론의 유산 때문에 차별에 반대하는 사람들 사이에서 마르크스주의에 대한 오해가 상당히 널리 퍼져 있다. 마르크스주의자들은 이런 편견을 품은 사람들과도 개방적으로 대화해야 한다. 그러나 핵심적 주장을 얼버무리는 방식으로 해서는 안 된다. 불필요한 이론적 후퇴는 마르크스주의와 차별 반대 운동 모두의 발전에 해롭다.

마르크스주의와 차별

1967년까지 동성애는 영국에서 범죄였다. 그러나 이제 동성 결혼이 현 정부 임기 안에 합법화될 가능성이 매우 높다.* 이것은 성소수자·여성·흑인 등의 차별에 맞선 투쟁이 성취한 여러 전진의 한 사례일 뿐이다.

그러나 이런 전진에도 불구하고 차별은 여전히 엄연한 현실이다. 2012년 3월 '동성애 치료소'를 운영하는 영국의 한 기독교 단체가 "동성애자가 아니에요! 당당하게 탈동성애했어요! 걱정 말아요!"라는 문구로 런던 버스에 광고를 내려 했다. 장애인은 "꾀병쟁이"나 "게으름뱅이"라는 비난을 듣는다. 이런 비난은 정부가 이 사회에서 가장 취약한 집단 중 하나인 장애인을 공격하는 것

---

* 이 글은 영국에서 2012년에 발표됐고 2013년에 동성 결혼이 합법화됐다 — 옮긴이.

을 정당화한다. 그러나 이런 사례 외에도 로마니(집시)·유랑민·싱글맘 차별, 심지어 비만인 사람에 대한 차별 등 이 사회에는 온갖 차별이 존재한다.

차별의 일부는 공공연하게 법에 명시돼 있거나 국가기구에 의해 수행된다. 모국이 아닌 나라에 살면서 일할 권리나 동성과 결혼할 권리를 인정하지 않는 것이 그런 예다. 그러나 차별은 국가나 사회가 돌아가는 좀 더 비공식적인 방식에서 비롯할 수도 있다. 예컨대 교도소에는 백인보다 흑인 수감자가 훨씬 많고, 기업 이사회에는 여성이 남성보다 적다. 많은 사람들은 이를 '자연스런 일'로 여긴다.

그러나 차별은 저항을 낳기도 한다. 꼭 차별의 당사자만 저항에 나서는 것도 아니다. 2012년 2월 트레이번 마틴이라는 청년이 미국 플로리다주의 경비가 삼엄한 부자 동네에서 살해당한 것에 광범한 분노가 인 것이 그런 예다. 그는 단지 후드 티를 입은 흑인이라는 이유로 살해당했다. 게다가 사람들이 사회주의 정치에 매력을 느끼는 계기도 직접적이든 간접적이든 차별의 경험일 때가 많다.

인간 해방은 마르크스주의의 기본 정신

마르크스주의가 받는 가장 흔한 비난 하나는 마르크스주의가 "경제결정론"이며 계급의 중요성을 강조함으로써 차별에 관한 까다로운 문제를 무시한다는 것이다. 이는 참말이 아니다. 마르크스주의의 역사를 보면 마르크스주의자들이 이론적으로든 실천적으로든 민족 억압, 인종차별, 성차별 등 온갖 차별을 다룬 사례가 많다. 무엇보다도 기본적으로 마르크스주의는 《공산당 선언》이 말한 "각자의 자유로운 발전이 모두가 발전하는 조건인" 사회를 건설해 인간 해방을 이룩하기 위한 사상이다.

그렇다면 차별이란 무엇인가? 우선, 차별은 압박감이 아니다. 차별은 심리 상태가 아니라는 것이다. 차별받는다고 해서 꼭 차별을 자각하는 것은 아니다. 자본주의 사회에서 여성은 차별당하지만, 가정주부로서의 삶을 기꺼이 받아들이거나 랩댄서를* 직업으로 '선택'하는 여성이 존재하지 않는 것은 아니다. 물론 우울증 등 정신적·육체적 질환이 차별과 연관돼 있을 수 있지만 그런 상태와 차별을 동일시하지 않는 것이 중요하다. 차별은 어떤 개인이 다른 개인에게 지배당하거나 통제받는다고 느끼는 관계를 뜻하지 않는다. 차별을 그런 식으로 이해하다 보면 흑인도 백인을 차별하거나, 여성도 남성을 차별할 수 있다는 생각으로 이어질 수 있다.

차별이 착취와 같은 것이 아니라는 점도 분명하게 이해해야

---

* 랩댄서 상대 무릎 위에 앉아서 선정적 춤을 추는 사람 — 옮긴이.

한다. 어떤 활동가들은 계급 차별을 그저 차별의 하나로 보고 성차별이나 인종차별과 나란히 놓는다. 물론 노동계급이 지배계급에게 차별받는다는 것은 대체로 맞는 말이지만, 이런 진술은 자본주의의 핵심에 있는 계급 관계가 어디에 토대를 두고 있는지를 드러내지 못한다. 계급 관계의 핵심은 착취다. 착취란 노동자에게서 잉여가치를 뽑아내 노동자를 노동에서 소외시키는 것이다.

그러므로 마르크스주의자에게 차별이란 어떤 개인이나 집단에게 차별받거나 지배당하거나 통제받는다는 느낌이나 마음 상태가 아니다. 그리고 어떤 사람이 인종차별주의자, 성차별주의자, 성소수자 혐오자 등인 것은 "자연스러운" 일이 아니다.

차별의 역사

마르크스는 차별이 인간 사회의 자연스러운 특징, 따라서 불변하는 특징이 아니라 역사적 발명품이라고 봤다. 물론 사회에서 어떤 집단이 차별받는 일은 자본주의 이전에도 존재했다. 예를 들어 마르크스의 동료인 엥겔스는 여성 차별의 기원을 계급 사회의 출현에 따른 가족의 등장에서 찾았다. 가족은 수 세기 동안 크게 변했지만 체제 유지에 매우 중요한 구실을 하기 때문에 여전히 존재한다. 자본주의 사회에서 가족은 지금 세대와 이

전 세대 노동자를 돌보고 다음 세대 노동자를 기르는 비용을 노동자에게 떠넘기는 구실을 한다. 그래서 영국에서 노동할 수 있는 여성은 대부분 노동을 하지만, 이들은 가족에서 하는 구실 때문에 저임금을 감내해야 하고 경력을 쌓기도 어렵다.

어떤 형태의 차별은 자본주의가 등장하면서 나타났다. 인종차별은 노예무역과 제국주의를 정당화하기 위해 만들어졌고 노동자들을 이간질하기 위해 계속 유지됐다. 19세기 말에는 "동성애자"라는 새로운 성적 정체성이 발명됐고, 사회와 가족제도의 존속을 위협하는 존재로 묘사됐다. 그러나 모든 차별은 물질적 기반이 있으며 계급사회의 구조와 동학에서 출현한다. 차별은 자본주의의 존속을 뒷받침한다.

마르크스는 어떤 차별은 자본주의 이전에도 존재했다는 것을 알았지만, 자본주의 사회에서 차별의 성격이 그 이전 사회와 다르다는 점도 포착했다.

봉건제와 노예제 사회에서 압도 다수 대중은 노예(노예주의 소유물)이거나 특정한 토지와 영주에 예속된 농노였다. 이런 사회는 위계가 엄격했고 각자 '자기 분수'가 있다는 사상을 기반으로 했다. 지배자 외의 사람들이 누리는 자유라는 개념은 거의 없었고 예속 관계가 널리 인정됐다.

새로운 사회가 등장하자 새로운 사상이 생겨났다. 봉건제를 타도하고 자본주의로 가는 길을 연 부르주아 혁명은 프랑스 혁명의 "자유, 평등, 우애"와 같은 가치를 내걸었다. 이전 사회에 견주면 이는 인류에게 큰 전진이었다.

자본주의에서 생산은 시장에 판매할 상품을 생산하는 형태를 취한다. 모든 것은 상품이 되며 노동력도 마찬가지다. 노동자는 특정한 영주나 주인에게 예속돼 있지 않다. 개인의 자유와 평등이라는 자본주의의 새로운 사상은 생산을 조직하는 이런 새로운 방식을 반영한다. 그러나 현실에서 인류의 대다수에게 자유란 자본가들에게 노동력을 판매할 자유에 불과하다(그나마 노동력 수요라도 충분하면 다행이다). 자본주의는 인간 해방의 가능성을 힐끗 보여 줬지만 대다수 사회 구성원이 이를 누리지 못하게 막았다.

자본주의 생산은 노동자들의 대규모 협업에 점점 더 의존하지만 자본주의는 노동자들을 한데 결집시키는 만큼 분열시키기도 한다. 노동자들은 일자리·잔업·주택, 심지어 더 나은 의료 혜택을 두고 끊임없이 서로 경쟁해야 한다. 차별은 노동자들을 이간질하고 분열의 골을 깊게 판다. 예컨대 대중매체와, 권력자들이 운영하는 정부는 이주 노동자가 토박이 노동자보다 열등하다는 시각을 조장한다. 일자리가 많으면 이주민이 노동인구에 합류하는 것을 용인하지만, 일자리가 줄어드는 즉시 이주민은 일할 자격이 없고 일자리를 위협하는 존재로 묘사된다.

소외

이런 분열은 자본주의 사회에서 노동자들이 자신의 노동을 통제하지 못하는 소외로 뒷받침된다. 소외는 무력감을 낳으며 노동자들이 집단적으로 반격하지 않으면 특히 더 그렇다. 이런 상황에서 어떤 노동자는 다른 이들을 깔보고 우월감을 느낌으로써 자기에게 통제력이 있다는 느낌을 가질 수 있다. 그래서 백인은 흑인을, 남성은 여성을 깔볼 수 있다. 그리고 꼭 차별받지 않는 집단만이 그런 우월감을 느끼는 것도 아니다. 차별받는 집단도 다른 차별받는 집단을 깔볼 수 있다. 예컨대 "이주민 2세"가 최근에 이주한 사람을, 성소수자가 장애인을 깔볼 수 있다.

이 때문에 어떤 사람들은 노동계급 일부가 차별을 유지하는 데 이해관계가 있다고 주장하며, 모든 차별이 자본주의에 중요한 이득을 제공하고 그럼으로써 자본주의를 존속시킨다는 점을 보지 않는다.

그래서 어떤 사람들은 남성이 여성 차별에서 득을 본다거나, 모든 백인이 흑인 차별에서 득을 본다고 주장한다. 물론 차별받지 않는 집단은 차별받는 집단이 겪는 것과 같은 고통을 겪지는 않는다. 그러나 그렇다고 해서 차별받지 않는 이들이 차별을 유지하는 데 이해관계가 있다는 주장은 옳지 않다. 예컨대 여성 전일제 노동자가 동일 직종 남성보다 15퍼센트 적은 임금을 받는다는 사실이 남성 노동자의 임금 인상에 도움이 되는 것은 아니다. 오히려 사용자들이 임금 인상을 억제하기가 더 쉬워질 뿐이다. 가장 좋은 해결책은 남성 노동자와 여성 노동자가 모두의 임금 인상을 위해 함께 싸우는 것이다.

그러나 여성 노동자가 직장에서 남성 노동자에게 성적 괴롭힘을 당한다면 이것은 결코 쉬운 일이 아닐 것이다. 무엇보다도 여성 노동자는 동료 남성의 성차별적 언행을 통해 차별을 경험할 것이기 때문이다. 그러나 직접적으로 성차별을 저지른 것은 동료 남성일지라도 차별의 원인은 훨씬 더 깊숙한 곳에 있다. 즉, 자본주의에 뿌리가 있다. 사회주의자는 계급의 단결을 위해 투쟁함으로써 모든 형태의 차별과 싸워야 한다.

소외와 왜곡된 자유·평등 개념 때문에 사람들은 자기가 당하는 차별을 자각하지 못하거나 심지어 차별의 해악을 기꺼이 내면화할 수도 있다. 자본주의가 사회 전체보다는 개인을 강조하기에 우리는 차별의 가장 해로운 증상을 우리 자신의 탓으로 여기게 된다. 이때 자본주의는 우리에게 '해결책'을 들이민다. 이런 식으로 지난 5년 동안 영국의 출판업자들이 자기 계발서로 879억 원을 벌어들였다. "섹시하지 않다"고 자책하는 여성에게 폴댄스를 가르치는 "피트니스 강좌"나 성형수술이 해결책으로 제시된다. 심지어 흑인의 피부색을 밝게 하는 기술도 있다.

노동자들을 이간질하는 체제

자본주의는 우리가 자본주의 사회에서 인간관계가 왜곡되는 것을 문제 삼기보다는, 같은 사회에 사는 평범한 사람들 가운데 어떤 집단을 주적으로 삼게 하려고 무척 애쓴다. 대중매체는 이주민·유랑민·싱글맘에게 적대적인 끔찍한 선전을 끊임없이 뿜어낸다. 자본주의는 집단적 힘으로 자본주의를 뒤엎을 능력이 있는 노동자들을 이간질해서 지배력을 유지하며, 이데올로기는 여기서 매우 중요한 구실을 한다. 이는 자본주의가 무슬림·성소수자·장애인 등 온갖 사람들과 끊임없이 만나고 협력해야 하는 우리 삶의 현실을 뒤틀어야 함을 뜻한다.

마르크스주의자가 아닌 많은 사람들은 마르크스주의자와 함께 차별에 맞서 싸우면서도, 변화의 핵심 주체로 노동계급을 강조하는 것에 동의하지 않는 경우가 많다. 어쨌든 차별은 노동계급뿐 아니라 모든 계급에 영향을 미치는 것 아닌가? 그래서 어떤 사람들은 차별받는 집단 자체가 차별을 극복하는 데에서 핵심 주체라고 본다. 2012년 영국 케임브리지대학교에서 [성폭행 미수 등의 혐의로 기소된] 전 국제통화기금IMF 총재 도미니크 스트로스칸의 방문에 항의하는 시위가 일어났을 때 시위대가 외친 구호 하나는 "단결한 여성은 패배하지 않는다"였다. 이런 구호가 일부에게 상식처럼 여겨지는 이유를 이해하기는 어렵지 않다. 어쨌든 모든 여성은 성폭력의 피해자가 될 수 있다. 그러나 우리는 어떤 여성과 단결해야 하는가? 스트로스칸의 후임자이자 여성인 크리스틴 라가르드는 유럽 전역에서 가혹한 긴축정책을 추진하는 핵심 인물로, 수많은 여성과 남성의 생활수준을 나락에 빠뜨리고 있다. 그리고 이는 사람들의 삶을 더 팍팍하게 할 것이고 더 많은 여성을 폭력의 위험에 노출시킬 것이다.

물론 차별은 노동계급만 당하는 것이 아니다. 성소수자 혐오, 성차별, 인종차별은 계급을 가리지 않고 해를 끼친다. 그리고 노동계급 여성과 마찬가지로 지배계급 여성도 차별당할 수 있다. 그러나 지배계급은 부와 권력으로 차별이 주는 고통을 완화할 수 있다. 예컨대 부유층 여성은 아이를 돌보거나 집안일을 해 줄 사람을 고용할 수 있고, 가정 폭력에서 벗어날 물질적 수단이 있을 가능성이 높다.

따라서 혁명적 마르크스주의자들이 계급 문제를 강조하는 것은 차별 문제를 한 켠에 치워 두기 위한 것이 아니다. 마르크스주의자는 차별받는 집단이 스스로 조직할 권리를 언제나 방어할 것이다. 마르크스주의자가 계급을 강조하는 것은 차별과 소외를 낳는 사회의 진정한 분단선이 젠더, 성적 지향, 피부색이 아니라 계급에 있다고 보기 때문이다. 따라서 혁명적 마르크스주의자의 구실은 전체 노동계급을 최대한 단결시키기 위해 부단히 노력하는 것이다. 우리는 차별받는 집단의 단결이 저절로 이뤄지지 않음을 알아야 하고, 이 체제가 조장하는 인종차별, 성차별, 성소수자 혐오 등이 노동계급을 분열시키고 약화시킨다는 것을 드러내야 한다.

우리는 차별받는 집단의 권리를 키우고 지키는 법률을 환영하고, 그런 법률을 도입하기 위해 싸우며, 편견을 깨는 데에 교육이 중요하다는 점을 이해한다. 그러나 차별에 맞선 투쟁은 언제나 계급투쟁이 고양되는 시기에 도약할 수 있었다. 1960년대 말의 격동이 그런 사례였다. 계급투쟁이 여성·흑인·성소수자 권리를 요구하는 투쟁과 함께 벌어졌고 진정한 성과를 남겼다.

2011년 이집트 여성들은 이집트 혁명을 자신의 것으로 여기고 방어하면서, 군부의 극악무도한 성추행 위협과 폭력에 맞서 싸울 힘을 얻었다. 그러나 차별에 맞선 투쟁의 역사에서 1917년 러시아의 10월 혁명에 비견할 만한 사건은 아직 없었다. 10월 혁명 직후 러시아에서는 동성 결혼, 임신중단권이 인정됐고 가사의 사회화가 시도되는 등 여러 진보가 있었다. 이런 성과에 견주면 영국의 보수당 정권이 동성 결혼을 양보한 것은 하찮게 보일 정도다.

노동계급의 단결

노동계급은 수십 년 만에 가장 큰 공격에 직면해 있다. 노동계급의 반격이 승리하려면 온 노동계급이 단결해야 한다. 이런 상황에서 혁명가들은 그저 최상의 계급 투사로서가 아니라 레닌이 표현한 것처럼 "차별받는 사람들의 호민관"으로서 투쟁을 이끌어야 한다. 오늘날 노동계급은 여성의 비중이 커졌고, 인종도 다양해졌으며, 어느 때보다도 더 공공연히 성소수자임을 드러낸다. 계급 단결은 지배계급의 긴축 계획을 좌절시키는 데에도 중요하지만, 오늘날 많은 노동자가 직면하는, 차별에 근거한 가장 심각한 이간질을 극복하는 데에서도 핵심적이다.

차별에 맞선 투쟁과 레닌

마르크스와 엥겔스는 여성해방 문제나 아일랜드·폴란드 민족 억압 문제에 대해 진보적 견해를 표명했고, 미국 남북전쟁에서는 노예제에 반대하는 북군을 지지했다. 그렇지만 마르크스와 엥겔스의 저작에서는 레닌과 같은 강령적 진술, 즉 사회주의자와 사회주의 정당이 모든 종류의 차별에 맞서 적극적으로 투쟁하는 것이 절대적으로 필요하고 중요하다는 주장을 발견하기가 쉽지 않다.

그리고 레닌과 같은 태도는 제2인터내셔널 소속 정당들의 전형적 태도였다고 보기도 힘들다. 그래서 차별 문제에 관한 레닌의 입장은 진정 새롭고 선구적인 것이었다고 할 수 있다. 그런 강령적 진술이 나와 있는 가장 유명한 저작 《무엇을 할 것인가》에서 레닌은 다음과 같이 말했다.

> 사회민주주의자[당시에는 혁명적 사회주의자를 의미했다]의 이상은 노동조합 위원장이 아니라 민중의 호민관이어야 한다. 폭정과 차별이 어디서 나타나든, 어떤 계층이나 계급의 사람이 폭정과 차별에 시달리든 그것에 맞서 싸울 수 있어야 한다. …
> 노동자들이 모든 종류의 차별(어느 계급이 당하는 것이든)에 대응하는 훈련을 받지 않는다면 노동계급의 의식은 진정한 정치의식이 될 수 없다.

레닌은 이와 비슷한 주장을 여러 번 되풀이한다. 사회주의자들이 모든 차별에 맞서 싸워야 한다는 것은 어찌 보면 당연한 말 같다. 그런데 레닌의 독특한 강조점은 앞서 인용한 문장 뒤에 다음과 같이 덧붙인 것에 있다. "더욱이 노동자들이 사회민주주의 관점으로 대응하는 훈련을 받지 않는다면 노동계급의 의식은 결코 진정한 정치의식이 될 수 없다."

즉, 레닌은 사회민주주의 관점을 대단히 강조했다. 그리고 "사회민주주의 관점"이라는 말 외에도 "마르크스주의적 관점"이나 "노동계급의 관점", "프롤레타리아의 관점" 등의 표현을 같은 뜻으로 번갈아 사용한다. 레닌에게 중요한 것은 오히려 이 후자의 강조점, 즉 노동계급의 관점으로 차별에 맞서 투쟁한다는 것이었다. 사실 이 주장이 오늘날 차별 반대 운동에서 사회주의자들과 다른 활동가들 사이의 쟁점이라 할 수 있다.

레닌의 선구적 기여와 강조점

노동계급의 관점으로 차별 반대 투쟁을 벌인다는 말의 의미는 다음과 같다. 첫째, 인종이나 민족, 성의 평등을 요구하는 것은 민주주의적 요구이고, 노동계급과 노동계급 정당은 다른 민주주의 투쟁과 마찬가지로 평등을 요구하는 투쟁에서도 주도력을 발휘해야 한다는 것이다. 그래서 레닌은 당시 러시아 노동계급이 부르주아 민주주의 요구들을 위해 투쟁할 때도 부르주아 자유주의자들보다 훨씬 일관될 것이라고 주장했다.

둘째, 레닌은 선진적 계급으로서 노동계급은 혁명에서 모든 차별받는 대중을 지도할 것이라고 주장했다. 여기에서 "지도한다"는 말은 지시하고 명령한다는 뜻이 아니라, 투쟁에서 앞장선다는 의미다. 레닌이 이렇게 지도하는 구실을 노동계급에게 부여한 이유는 노동계급이 도덕적으로 우월해서가 아니라, 자본주의 사회에서 노동계급이 차지하는 객관적인 사회적·경제적 지위 때문이다.

셋째, 차별에 맞서 싸우는 주된 이유는 노동계급의 단결을 이루기 위해서라는 것이다. 레닌은 차별하는 민족의 노동자들과 차별받는 민족의 노동자들(러시아의 경우에는 러시아 민족의 노동자들과 다른 소수민족 노동자들)이 단결하려면, 차별하는 민족의 노동계급이 차별받는 민족의 분리·독립을 포함한 자결권을 옹호해야 한다고 주장했다. 그런데 이 주장의 궁극적 목적은 민족자결권 자체보다는 노동계급의 국제적 단결 그리고 모든 민족국가의 자유로운 결합이었다.

넷째, 혁명적 정당 수준에서는 여성이나 유대인이나 흑인 등의 조직이 따로 존재하는 것이 아니라 통일된 단일 조직이 있어야 한다는 것이다. 궁극적으로는 하나의 통일된 세계 정당이 있어야 한다(나중에 코민테른 창립에서 이것이 부분적으로 실현됐다고 할 수 있다). 어쨌든 이 원칙 때문에 1903년 러시아사회민주노동당 2차 당대회에서는 유대인 사회주의 노동자들의 조직인 분트와 날카로운 충돌이 일어났다. 이 유대인 분트는 당시 러시아사회민주노동당 가맹 조직이었지만, 당에서 자율성을 보장받기를 원했을 뿐 아니라 러시아와 폴란드에서 유대인 노동자들을 대표하고 조직할 독점적 권리를 자신들이 누려야 한다고 주장했다. 그런데 당시 볼셰비키와 멘셰비키(둘 다 그때는 〈이스크라〉파였다)가 모두 분트의 요구를 거부하자 분트는 당대회에서 퇴장해 독자적 길을 갔다(이런 분리주의의 문제점은 뒤에서 다시 살펴볼 것이다).

다섯째, 차별에 반대하는 투쟁, 즉 평등을 위한 투쟁은 자본주의에서는 성공적 결말을 맺을 수 없다는 것이다. 그러려면 사회주의 혁명이 필요하다. 그래서 러시아 혁명 후에 레닌은 다음과 같이 거듭거듭 지적했다. "부르주아 혁명이 일어난 지 수백 년

이 지났는데도, 평등을 지지하는 부르주아지의 온갖 선언문이 넘쳐나는데도, 여성의 형식적·법률적 평등이라도 실현한 자본주의적 민주주의 국가는 단 한 군데도 없다."

그런데 이와 같은 레닌의 견해가 오늘날에도 적절하고, 적용될 수 있을까?

사회주의자들이 모든 차별에 맞서 투쟁해야 한다는 레닌의 주장이 지금도 적절하다는 것은 분명하다. 그런데 노동계급의 관점으로 차별에 맞서 싸워야 한다는 주장은 오늘날 평등을 옹호하는 많은 사람들에게 '이상하게' 들리거나 심지어 '독단적' 주장처럼 들릴 것이다. 또, 이론적으로 보면 지난 수십 년 동안 차별반대 투쟁에서 득세해 온 다양한 이데올로기적 조류(자유주의, 분리주의, 정체성 정치, 특권 이론, 교차성 개념)와 레닌의 견해는 비판적 관계에 놓여 있다고 할 수 있다.

다른 차별 반대 이론과의 차이점

먼저 자유주의적 견해는 법률적 평등이든 기회의 평등이든 평등을 위한 투쟁은 계급투쟁, 다시 말해서 경제적 평등을 위한 투쟁과 분리돼야 성공적으로 수행될 수 있다고 주장한다. 대중성의 측면에서 이것은 '이점'이 있는 주장이다. 지배계급을 가장 덜 위협하는 주장이므로 당연히 지배계급과 타협안을 도출하기 쉬울 것이고, 이른바 '현실적' 변화를 달성할 수 있는 최상의 방안처럼 보인다. 많은 시민운동가, 사회운동가에게 이런 자유주의적 견해는 흔히 '상식'처럼 들리고, 그래서 그들은 그런 견해를 따르며 그런 실천을 한다.

그러나 역사적 경험을 보면, 사뭇 다른 그림을 볼 수 있다. 미국은 이미 240년 전에 "모든 인간은 평등하게 태어났다"고 선언하고 그 원칙 위에서 건국됐지만 아직도 성차별과 인종차별이 넘쳐 나는 나라다. 프랑스는 자유·평등·우애의 기치를 높이 올린 위대한 혁명의 무대였고 현대 민주주의의 발생지 중 하나지만, 오늘날에는 무슬림에 대한 심각한 인종차별이 존재한다. 또 2022년 총선에서 파시스트 조직인 국민연합이 약진하며 원내 3당(사실상 제1야당)이* 됐다. 프랑스는 이른바 '자유민주주의'에도 함량 미달이라고 할 수 있다. 미국과 프랑스뿐 아니라 전 세계 어디를 봐도 자유민주주의 체제는 그들 자체의 기준으로 보더라도 평등 문제를 다루는 데 처참하게 실패했다. 단적으로 어디서나 남성과 여성의 평균임금 사이에는 격차가 존재한다.

자유민주주의가 이렇게 비참하게 실패한 데는 심각한 구조

---

* 공식 제1야당인 신생태사회민중연합(뉘프)의 의석 수가 151석이지만, 뉘프는 5개 정당의 선거 연합이고 그중 최대 정당인 '굴복하지 않는 프랑스'가 75석인 반면, 국민연합은 단독으로 89석이다.

적 이유가 있다. 그것은 바로 자본주의 사회처럼 경제적 불평등에 바탕을 둔 사회, 즉 생산수단을 소유하고 지배하는 사람들과 그러지 못하는 사람들 사이의 불평등에 바탕을 둔 사회는 '기회의 평등'을 실현할 수 없기 때문이다. 억만장자의 자녀와 가난한 집안의 자녀 사이에 기회의 평등이 존재할 수 있을까? 불가능한 일이다.

둘째, 분리주의는 언뜻 보면 자유주의보다 더 급진적인 듯하다. 1960~1970년대 흑인 운동이나 여성운동의 분리주의자들은 당시의 시대정신에 따라서 매우 급진적인 언어를 사용했다. 흑인 혁명, 여성 혁명, 페미니즘 혁명을 선언했다.

그러나 전략으로서 분리주의는 근본적 약점이 있다. 어찌 보면 간단한 사실 때문이다. 미국에서 흑인은 전체 인구의 약 14퍼센트에 불과하다. 따라서 모든 흑인이 한 명도 빠짐없이 다 나서서 투쟁하더라도 '흑인 혁명'으로 백인 지배 체제를 전복하는 것은 그냥 불가능한 일이다.

여성 분리주의는 여성이 수가 훨씬 많으니까 좀 다를 것처럼 보이지만, 역시 여성만의 혁명도 현실적 가능성이 없다. 혁명에서는 비무장의 경제적 약자인 대중이 엄청난 경제력과 군사력을 가진 지배계급과 대결하게 된다. 이 대결에서 승리하려면 대중의 압도 다수가 참여해야 하고, 심지어 그럴 때조차 상투적 방식으로 국가의 물리력과 대결해서는 승리할 수 없다. 아무리 수가 많아도 기관총 몇 대만 있으면 사람들을 해산시킬 수 있다. 인구의 51퍼센트인 여성이 인구의 49퍼센트인 남성에 대항해서 혁명을 일으켰다고 가정해 보자. 지금 세계 어디를 보더라도 경제적·정치적·군사적 힘을 가진 자들 중에 남성이 압도적으로 더 많기 때문에 그런 혁명이 성공할 가망은 없다. 모든 여성이 계급을 초월하고 정치를 초월해서 단결할 수 있다고 하더라도 그런 혁명이 성공하기 힘들 텐데, 하물며 모든 여성이 계급과 정치를 초월해서 단결한다는 것 자체가 공상이라면? 여성 노동자를 고용한 여성 자본가는 임금을 더 적게 주고 더 오래 일을 시켜야 이윤이 늘어난다. 그런데 단지 여성이라는 이유만으로 이들이 단결할 수 있을까?

이렇게 현실성 있는 혁명적 전망이 없다 보니까 '혁명적' 분리주의는 결국 개혁주의적 분리주의로 점점 변화해 갔다. 그러나 직접적·제한적 개혁을 쟁취한다는 면에서 보더라도 분리주의는 효과적 전략이 아니다. 왜냐하면 운동의 대중 동원 능력을 극대화하는 방식이 아니라 제한하는 방식을 추구하기 때문이다. 한국에서도 '불편한 용기'가 역사적 의미가 있는 투쟁을 이끌었지만 그런 한계를 드러낸 바 있다.

또, 분리주의는 그 자체의 논리 때문에 파편화를 조장하게 된다. 흑인은 백인과 따로 조직해야 하고, 여성은 남성과 따로 조직해야 한다면, 흑인 여성은? 흑인 여성끼리도 따로 조직해야 할 것이다. 또 흑인 여성들 사이에는 동성애 혐오가 있을지 모르니까 레즈비언 흑인 여성은 그들끼리 따로 조직해야 하고, 그 안에서는 트랜스젠더 혐오가 있을지 모르니까 트랜스젠더 레즈비언 흑인 여성은 또 따로 조직해야 하고. … 이런 식으로 꼬리에 꼬리를 물고 분리하다 보면 결국은 조직이 아니라 자기 혼자 남게 될지도 모른다.

셋째, 정체성 정치는 '혁명적' 분리주의가 개혁주의적 분리주의로 변화한 것과 파편화의 논리, 이 두 가지가 맞물려서 나타난 것이라고 할 수 있다.

차별에 맞서 싸우는 전략으로서 정체성 정치는 자본주의 체제 전복에 초점을 맞추는 것이 아니라, 각각의 차별받는 집단이 국회나 대학 강단 또는 노동조합이나 정당 등에서 공정하게 대표되도록 하는 데 집중했다. 물론 이것 자체는 정당하고 진보적인 대의명분이고 마땅히 지지한다. 여성 국회의원과 교수, 흑인 노조 위원장과 시장 등이 더 많아져야 한다는 것은 옳다. 그러나 전략으로서 이것은 지극히 제한적인 개혁주의, 일종의 최소주의적 개혁주의라고 할 수 있다. 또, 개인의 출세 전략과 잘 맞아떨어지고, 그래서 서로 융합하는 경향이 있다.

좀 더 생각해 보면, 흑인 시장과 여성 국회의원이 선출되고 성소수자가 교수나 경찰서장으로 임명된다고 해서 실제로 상황이 얼마나 개선될까 하는 물음을 던질 수 있다. 평범한 대중, 즉 노동계급·여성·흑인·성소수자 등에 대한 차별이 얼마나 완화될까? 물론 긍정적 효과가 전혀 없지는 않겠지만, 역사적 경험을 볼 때 그 효과는 미미하고 경제 위기 같은 다른 요인들 때문에 쉽게 뒤집어진다는 것을 알 수 있다. 일례로, 버락 오바마가 미국 최초의 흑인 대통령이 됐지만, 미국 흑인의 빈곤율과 교도소 수감률, 경찰에게 살해당한 흑인의 비율이 줄어들었다는 증거는 없다. 이렇게 정체성 정치의 전략에 따른 성과와, 차별받는 집단들이 대중투쟁(흑인 공민권운동이나 여성해방운동, 동성애자 해방운동 등)으로 쟁취한 성과는 핵심적 차이가 있다. 후자의 성과는 비록 제한적이긴 해도 훨씬 더 실질적인 것이다.

이런 정체성 정치가 발전한 것이 특권 이론과 교차성 개념이라고 할 수 있다.

먼저 특권 이론은 백인·남성·이성애자 등이 '노력하지 않고 얻은' 것처럼 보이는 다양한 이점에 주목한다는 점에서, 자본주의 사회에서 차별받는 사람들의 경험적 현실을 그럴듯하게 묘사한다고 할 수 있다. 예컨대, 슈퍼마켓에서 일하는 흑인 노동자는 똑같은 일을 하는 백인 노동자보다 승진 가능성은 더 낮고, 계산대에서 욕먹을 가능성은 더 높고, 길 가다 불심검문 걸려서 체포될 가능성은 더 높고, 똑같이 체포되더라도 교도소 갈 가능성은 자신이 더 높다는 사실을 알고 있다. 여성 노동자도 마찬가지다. 여성 노동자는 동료 남성 노동자보다 승진 가능성은 낮고, 성희

롱당할 가능성은 높고, 임금은 더 낮을 가능성이 높다는 사실을 알고 있다. 이런 상대적 이점을 '특권'이라고 부르는 것이 맞는지는 논란의 여지가 있지만, 어쨌든 그런 경험적 현실이 존재한다는 것 자체는 부인할 수 없다.

그러나 분석과 전략으로서 특권 이론은 다음과 같은 약점이 있다고 할 수 있다.

첫째, 다양한 이점과 '특권'을 묘사하지만 그런 '특권'의 구조적·물질적 뿌리를 이해하지는 못한다.

둘째, 비교적 사소한 이점과 사회의 근본적 계급 분열의 차이를 제대로 파악하지 못한다(이 차이는 뒤에서 다시 살펴볼 것이다).

셋째, 차별하는 사람의 의식과 양심에 호소하는 방식에 지나치게 의존한다. 예컨대, 특권 이론은 '남성이나 백인으로서 당신이 누리는 특권을 생각해 보라'는 요구를 흔히 한다. 이런 요구는 좌파 활동가들이나 대학 내에서는 어느 정도 효과가 있을지 모르지만 기업 경영진이나 국가 고위 관리, 군 장성 같은 주요 지배자들에게는 별로 효과가 없을 것이다.

넷째, '당신의 특권을 생각해 보라'는 말은 좌파 활동가들이나 대학 캠퍼스 내에서도 정치적 논쟁을 대신하거나 가로막는 구실을 하기 쉽다. 남성이나 백인이 아무리 옳은 말을 하더라도 특권 이론 지지자들은 그냥 일축해 버리고, 여성이나 흑인이 얘기하면 비록 설득력 없는 주장이어도 치켜세우고 지지해 주는 분위기가 만들어질 수 있는 것이다.

다섯째, 이렇게 개인의 특권을 강조하다 보면 단결과 연대가 절실히 필요할 때, 차별받는 사람과 착취당하는 사람들 사이의 분열에 초점을 맞출 위험이 있다. 예컨대, 슈퍼마켓에서 일하는 흑인과 백인 노동자들이 사용자에 맞서 단결해서 투쟁해야 하는데, 서로 네 특권이 어떠니 내 특권이 어떠니 하면서 노동자들끼리 '특권 논쟁'을 벌이다가 제대로 싸우지 못하게 될 위험이 있는 것이다. 한국에서도 '정규직 특권론'과 그에 기초한 '정규직 양보론'이 일각에서 유행인데, 정규직 노동자가 비정규직 노동자에 비해 특권을 누린다고 여긴다면 피착취자들 간의 분열을 조장해 착취자의 진정한 특권을 강화해 줄 위험도 있다.

마지막으로, 교차성 개념은 다양한 정체성과 차별(예컨대, 인종차별이나 성차별)이 어떻게 서로 교차하고 겹쳐서 독특한 정체성(예컨대, 흑인 여성)을 만들어 내는지를 설명해 준다. 이런 교차성 개념은 인종차별과 성차별에 국한되지 않고 모든 사회적 차별에 적용할 수 있다는 장점이 있다. 또, 특권 이론과 마찬가지로 교차성 개념도 경험적 현실을 묘사하는 장점이 있다. 그래서 아시아계 동성애자 남성이나 흑인 노동계급 트랜스젠더 여성은 저마다 상호 교차하는 다양한 차별에 시달린다는 점을 이해하게 해 준다. 또, 교차성 개념은 분리주의나 다른 형태의 정체성 정치, 또는 특권 이론과 비교했을 때 연대를 더 용이하게 해 주는 장점도 있다. '흑인이든 백인이든 여성이든 성소수자든 장애인이든 우리는 모두 교차하는 차별들로 고통받고 있으므로 서로 단결해야 한다'고 주장할 수 있는 것이다.

이렇게 교차성 개념은 분리주의와 비교했을 때 상대적으로 사회주의적 입장과 가까워질 가능성이 있지만 그래도 여전히 레닌주의적 견해와는 차이가 있다. 교차성 개념에서도 계급 차별은 그저 여러 형태의 차별들 가운데 하나일 뿐인 것이다.

차별과 착취의 관계

그러나 레닌을 비롯한 마르크스주의자에게 계급은 가장 중요한 범주다. 마르크스는 《공산당 선언》에서 "지금까지 인류의 역사는 계급투쟁의 역사였다"고 말했지 "정체성 투쟁의 역사였다"고 말하지 않았다. 그런데 마르크스주의자가 이렇게 계급을 강조하면, 정체성 정치 옹호자들은 '그런 주장은 노동계급에게 특권을 부여하는 부당한 처사'라고 여길 것이다.

이 문제를 분석하려면 계급 범주와 인종, 성, 성적 지향 등 다른 범주들 사이에 기본적 개념 차이가 있다는 점을 주의해야 한다. 마르크스와 레닌이 말한 계급은 착취하고 착취당하는 사회적 생산관계에서, 즉 인간 사회의 핵심 활동이 조직되는 방식에서 직접적으로 그리고 필연적으로 도출되는 개념이다. 《계급, 소외, 차별》(책갈피, 2017)의 공저자 제프리 디스티 크로익스의 표현을 빌리면 "계급은 착취라는 사실의 집단적·사회적 표현"이다. 따라서 성 평등이나 인종 평등을 말하거나 요구할 수는 있어도 계급 평등을 말하거나 요구할 수는 없다. 왜냐하면 계급 개념 자체가 불평등하고 적대적인 관계를 전제하는 것이기 때문이다. 그러므로 '계급 간 평등'이라는 말은 '뜨거운 얼음'처럼 형용모순, 앞뒤 안 맞는 말이라고 할 수 있다.

이렇게 보면 계급 범주는 다른 범주들이 배제하는 것을 포함하고 다른 범주들이 포함하는 것을 배제한다는 사실을 알 수 있다. 즉, 노동계급 범주에는 흑인 노동자, 여성 노동자, 레즈비언 노동자 등은 포함되지만 흑인 자본가, 여성 자본가, 레즈비언 자본가는 포함되지 않는다. 반대로 흑인이나 여성이라는 범주에는 흑인 자본가나 여성 자본가는 포함되지만 백인 노동자나 남성 노동자는 포함되지 않는다. 이런 개념 차이를 따지는 이유는 이런 개념 차이에 따른 포함·배제가 전략의 차이를 낳기 때문이다. 그래서 레닌이 말한 '노동계급 관점'은 정체성 정치가 흔히 분열시키려고 하는 사람들을 투쟁 속에서 단결시키는 경향이 있는 반면, 정체성 정치는 노동계급 정치가 분열시키려는 사람들(노동계급 정치는 자본가와 노동자의 분열을 추구한다)을 단결시키려고 한다. 바로 이런 전략의 차이가 중요하다.

문제는, 특정 차별에 반대하는 직접적 투쟁뿐 아니라 더 광범한 사회변혁을 위해서도 어떤 전략이 더 현실적이고 효과적인가 하는 점이다. 레닌이 말한 노동계급 관점은 사람 수와 사회적 능력 면에서 투쟁 잠재력을 극대화한다는 점에서 다른 전략들보다 더 뛰어나다고 할 수 있다. 노동계급 관점은 대중 파업이나 총파업, 광범한 작업장 점거 등을 통해 자본주의 체제의 엔진인 이윤에 타격을 가하고 그래서 사회변혁의 가능성을 높이는 장점이 있다는 것이다.

물론 이렇게 주장하면 다음과 같은 지적이 나올 것이다. '현실의 노동계급을 봐라, 노동계급 사이에 인종차별, 성차별 등 온갖 편견이 다 있다.' 노동계급 사이에 온갖 편견이 있는 것은 사실이다. 그렇지 않았다면 그들은 착취와 차별에 시달리는 피지배계급이 되지도 않았을 것이다. 그렇지만 그 정도를 과장해선 안 된다. 사실 노동계급보다는 중간계급이나 지배계급 안에 다양한 편견이 더 우세하다. 특히 조직 노동계급 사이에서는 이런 편견이 훨씬 약하다. 한국뿐 아니라 전 세계적으로도 투쟁하는 조직 노동자들 사이에서는 편견이 상대적으로 적기 마련이다. 반면 지배계급은 이런 편견을 조장하고 강화할 수밖에 없는 자들이다. 소수가 다수를 착취하고 지배해야 하기 때문에 기본적으로 그들은 분열 지배, 다시 말해 이간질해서 각개격파하는 전략을 추구할 수밖에 없다. 그래서 온갖 편견과 차별을 부추기는 것이다.

중요한 점은 투쟁 과정에서, 특히 투쟁의 최고 형태인 혁명 과정에서 노동계급 내의 편견이 대부분 극복된다는 것이다. 의식적으로 그런 편견에 반대하는 주장을 펼치는 사회주의자와 혁명가가 투쟁 안에 더 많이 존재할수록 편견을 극복하기가 더 쉬워질 것이다. 그래서 혁명적 정당이 필요하고 중요한 것이다.

"우파 정치인들의 페미니즘 비판은 역겨운 위선이다. 그들은 평범한 여성의 처지는 물론, 평범한 청년 남성의 고통에도 별 관심이 없다. 그러나 백래시 논란을 계기로 페미니즘 운동의 일부 지나친 면을 돌아볼 필요도 있다. … 한국의 페미니즘에서 영향력이 가장 큰 … 남녀 대립적 페미니즘은 사회를 여성 대 남성의 대립 구도로 이해하며 남성 일반을 지배자, 권력자로 보는 경향이 있다."

2부

한국의 페미니즘과 정체성 정치

1장

젠더 갈등을 어떻게 볼 것인가?

페미니즘에 대한 백래시의 성격

2015년 이후 한국에서 페미니즘이 다시 부흥했다. 그런데 대략 2018년부터 국내 언론은 페미니즘에 반발하는 경향과 현상을 가리켜 '백래시'라는 말을 쓰기 시작했다. 백래시는 사회·정치적 변화로 영향력이나 권력이 줄어든다고 느끼는 사람들이 집단적으로 반발하고 반격하는 현상을 가리키는 사회학 용어다.

페미니즘에 대한 반발이 일어나는 계기나 양상은 다양할 수 있다. 최근의 논란은 이준석 등 우파 정치인 일부가 주도했다. 민주당이 참패한 2021년 4월 재·보선 이후 우파 정치인들의 페미니즘 공격이 늘었다. '안티 페미니즘'을 내세운 이준석이 6월 11일 국민의힘 대표에 당선했고, 7월 6일 국민의힘 대권 주자 유승민, 하태경이 여성가족부(이하 여가부) 폐지 공약을 냈고 이준석이 지원 사격을 했다. 윤석열은 대선 후보 때 여가부 폐지 공약을 내걸었고, 집권 뒤 지지율 위기를 겪자 여가부 폐지를 추진하고 있다.

우파의 부상이 20대 남성의 안티 페미니즘 때문?

어떤 사람들은 20대 남성(또는 청년 남성)이 이준석 등 우파 정치인의 안티 페미니즘에 동조한 덕분에 우파가 부상할 수 있었다고 주장하지만, 잘못된 주장이다.

20대 남성은 소수가 안티 페미니즘 정서를 드러낼 뿐, 다수가 안티 페미니즘 성향인 것은 아니다.[1] 특정 페미니즘에 반감을 품는다고 해서 여성 평등에 반대하는 것은 아니다. 청년층 남성을 대상으로 한 여론조사 결과를 보면, 페미니즘에 대한 지지는 낮아도 성 평등을 지지한다는 응답은 높다. 더 일반적으로 말해, 그들의 의식을 하나로 싸잡아 말하는 것은 잘못이다.

이준석이 국민의힘 대표로 당선한 게 그의 안티 페미니즘 덕분인 것도 아니다. 이준석의 당선은 대선에서 승리해 보겠다는 국민의힘 핵심 지지층의 집권 의지가 반영된 결과다. '60~70대 꼰대 남성' 이미지가 강한 기존 우파 정치인으로는 한계가 크기 때문에 새 간판을 단 것이지, 우파의 지지층이 크게 변한 것은 아니다. 2021년 6월 22일 고려대 불평등과민주주의연구센터와 한국리서치가 발표한 조사 결과를 보면, 이준석의 대표 당선을 긍정적으로 평가한 응답자는 60대가 68퍼센트로 가장 많았다.

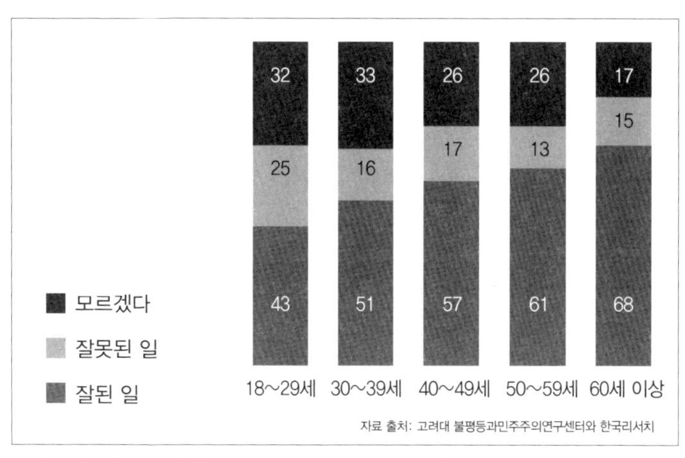

그림 1. 이준석의 국민의힘 대표 당선에 대한 세대별 평가(단위: 퍼센트)

20대는 43퍼센트로 가장 낮았다(그림 1).

젠더 이슈는 이준석의 대표 당선에 큰 영향을 끼치지 못한 것으로 나타났다. 오히려 "[박근혜] 탄핵은 정당했다"는 대구 연설이 당선의 1등 공신으로 꼽혔다. 익히 알려졌듯이, 청년층의 불만 1순위는 정부의 부동산 대책이었다. 물론 부동산 문제뿐 아니라, 실업과 빈곤 등 경제적 곤란에 대한 청년층의 불만이 높다. 청년층의 보수화가 이준석 등 우파의 부상을 낳은 게 아니라, 문재인 정부의 개혁 배신에 대한 청년들의 환멸이 우파에게 반사이익이 됐던 것이다. 이준석 등 우파 정치인들은 대선을 앞두고 문재인 정부에 환멸을 느낀 청년층을 끌어들이고자 안티 페미니즘을 선거 쟁점으로 이용했다.

여가부 폐지 공약: 성 평등 정책 공격과 성별 이간질

국민의힘 대권 주자들의 여가부 폐지 공약도 이와 비슷한 맥락에서 나온 것이다. 그리고 성 평등 정책을 공격하며 대중을 성별로 이간질하는 것이다. 그들은 오늘날 여성이 더는 차별받지 않으므로 여가부가 필요 없다고 주장한다. 터무니없는 소리다. 여성 차별이 갖가지 형태로 온존한다는 것은 명백한 현실이다. 여전히 큰 성별 임금격차, 여성에게 편중된 가사와 돌봄 부담, 대중매체에 만연한 성 상품화와 여성 비하 등등.

많은 여성에게 여가부의 활동에 대한 체감도가 크지는 않다. 여가부의 예산과 인력은 매우 적고, 활동이 주로 가족 업무에 맞춰져 있다(그림 2). 여가부가 '국가의 성 평등을 총괄하며 집행하는 부서'라지만 한계가 큰 것이다.

그럼에도 여가부가 없는 것보다 있는 것이 열악한 처지의 여성을 지원하는 데 더 낫다는 점은 명백하다. 여가부 예산의 대부분(65퍼센트)이 한부모 가족의 양육을 지원하는 데 쓰인다. 그 밖에도 여가부는 위기 청소년과 학교 밖 청소년, 성폭력과 가정 폭력 피해자, 경력 단절 여성 등을 지원한다. 여가부를 폐지하면 가뜩이나 부족한 성 평등 정책이 더 후퇴할 것이다.

한국의 성별 격차는 다른 선진국과 비교해 봐도 매우 크다. 게다가 코로나19 팬데믹으로 여성의 고통은 더 커졌다. 노동계급

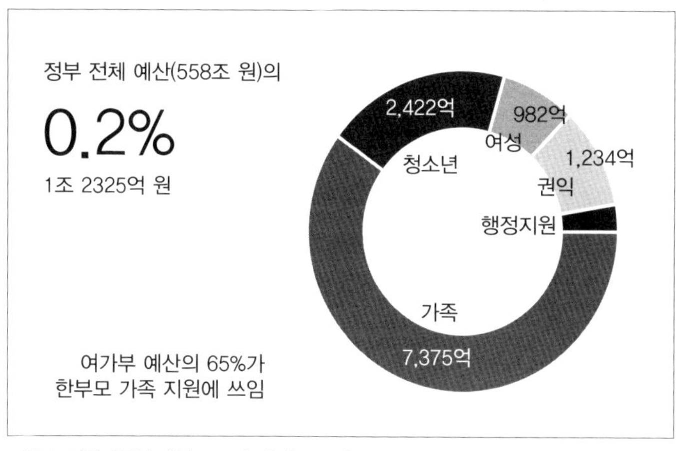

그림 2. 여성가족부 예산 규모와 내역(2021년)

등 서민층의 여성은 가정 내 돌봄 부담 증가와 실업과 일자리 불안정 등으로 고통받고 있다. 여가부 폐지 같은 퇴행이 아니라, 더 많은 여성에게 혜택이 돌아갈 수 있도록 성 평등 정책은 오히려 강화돼야 한다. 여가부의 복지 예산이 늘어야 할 뿐 아니라, 임신중단권이 보장되고, 공공 돌봄 서비스와 양질의 일자리 등이 대폭 확충돼야 한다.

페미니즘 운동의 일부 과도함

이처럼 우파 정치인들의 페미니즘 비판은 역겨운 위선이다. 그들은 평범한 여성의 처지는 물론, 평범한 청년 남성의 고통에도

별 관심이 없다. 그러나 백래시 논란을 계기로 페미니즘 운동의 일부 지나친 면을 돌아볼 필요도 있다. 우파 정치인들이 문재인 정부의 배신과 함께, 페미니즘의 일부 과도함도 이용하고 있기 때문이다.

넓은 의미에서 페미니즘은 성 평등 사상과 운동을 뜻하는데, 이런 광의의 페미니즘에 대한 지지는 여전히 매우 높다. 다수 남성도 사회가 좋게 개혁되기를 바라며 그 일환으로 여성 차별도 없어지거나 크게 완화되기를 바란다.

그러나 페미니즘은 하나가 아니다. 역사적으로 늘 그랬지만 오늘날에는 페미니즘이 대중화하면서 페미니즘의 종류는 그 어느 때보다 다양하다. 한국의 페미니즘에서 영향력이 가장 큰 것은 1960~1980년대 미국에서 득세한 것과 유사한 페미니즘인데, 이런 남녀 대립적 페미니즘이 종종 드러내는 극단적 행동에 거부감을 느끼는 사람들이 상당수 있다.

남녀 대립적 페미니즘은 사회를 여성 대 남성의 대립 구도로 이해하며 남성 일반을 지배자, 권력자로 보는 경향이 있다. 그러다 보니 성차별을 주도하고 그로부터 혜택을 보는 권력자와 그렇지 않은 평범한 남성을 구별하지 않고 도매금으로 매도하는 모습을 종종 보인다. 그리고 성차별적 말과 단순히 편견을 드러내는 말을 구별하지 않고 모조리 '여성 혐오'로 몰며 단죄하는 모습도 종종 보인다. 심지어 성차별적 함의가 없는데도 성별 이분법적인 자신들의 주장에 도전하는 견해다 싶으면 성차별주의로 취급하며 규탄하기도 한다.

이런 도덕주의는 여성 차별을 지지하지 않는 남자들 사이에서도 그 검열관 같은 태도 때문에 종종 반발을 낳았다. 이준석 등 우파는 이런 반감을 이용하고 있는 것이다.

남성 일반을 단일한 이해관계를 지닌 권력자로 보는 것은 제대로 된 분석이 아니다. 자본주의는 극소수에게 부와 권력이 집중된 계급사회다. 남성 사이에 계급에 따라 현격한 차이가 있다. 여성 사이도 마찬가지다. 지배계급은 더 많은 이윤을 얻고자 노동계급을 쥐어짜려 들기 때문에 착취 조건을 놓고 노동계급과 일상적으로 충돌한다. 그래서 남성이 다 연대해 여성을 지배한다는 주장은 현실과 맞지 않다. 오히려 차별은 노동계급을 분열시키는 효과를 내기 때문에 지배자들은 온갖 논리로 이를 정당화하며 차별을 부추긴다.

남녀 대립적 페미니즘은 사람들의 관념을 사회의 물질적 조건과 분리해, 독자적으로 작동하는 것처럼 취급한다. 이렇게 이해하면 사람들의 관념이 어떻게 형성되고 변화하는지 이해하지 못하고, 여성 차별을 어떻게 끝장낼 수 있는지 답도 찾을 수 없다.

대중 의식을 변화시키려는 바람은 이해하지만, 개개 남성의 관념을 비난하는 데 초점을 맞추는 것은 불필요한 반감을 키울 뿐, 진정한 적(자본주의)에 맞서 단결을 이루지 못한다.

정체성 정치의 약점

남녀 대립적 페미니즘을 수용하는 사람들의 정치적 견해는 동일하지 않다. 여성 차별 반대 운동의 상층 지도자들은 중간계급 지향적으로, 대개 민주당과 정치적으로 연계돼 있다. 남녀 대립적 페미니즘의 기층 지지자들은 이들보다 더 급진적이고 정치적으로 더 왼쪽인 경우가 많다. 그러나 여성운동에서 정체성 정치가 상식처럼 수용되면서 운동의 목표와 방향을 둘러싼 차이, 운동 내의 전략 차이가 쉽게 가려진다.

정체성 정치는 차별받는 집단이 자신의 특수한 정체성에 기초해 싸우는 운동의 전략이나 조직 방식을 뜻한다. 여성이 차별받기에 정체성 정치가 많은 여성에게 호소력이 있지만, 정체성 정치는 차별을 끝장내는 효과적 수단이 못 된다. 정체성에 호소해 때로 저항을 조직하기도 하지만, 정체성에 대한 강조는 도덕주의를 강화해 운동을 분열시키기 쉽다. 특정한 차별을 직접 겪는 사람만이 그 차별에 맞서 싸울 수 있다고 여기며 운동의 참가 자격을 따지고, 운동 내에서 적을 찾는 경향이 생기기 때문이다. 그래서 운동이 더 크고 강력해지는 길을 가로막는다.

좌파들도 정체성 정치를 수용하는 경우가 많은데, 이런 경향은 노동계급 운동에 악영향을 끼친다. 정체성 정치를 수용한 좌파는 여성 차별에 맞서 노동계급의 여성와 남성이 단결해 함께 투쟁하도록 애쓰지 않고, 중간계급 지향의 페미니즘 운동을 추수한다. 그래서 노동계급 남성을 모두 성차별주의자로 취급하는 중간계급 페미니스트들의 편견을 재생산하며 노동운동 내에 분란을 자주 야기한다. 그런데 노동계급 운동이 약화되면 결국 지배계급이 득을 보고, 이런 상황은 여성운동에도 나쁜 결과를 빚는다. 1970년대 중엽 이후 미국과 영국 등지에서 노동자 투쟁의 패배는 우파의 집권으로 이어졌다. 1980년대에 이들 나라에서 우파는 임금 삭감, 해고, 공공서비스 축소와 함께 합법 임신 중단 축소 등 여성운동의 성과도 맹렬히 공격했다.

한편, 정체성에 대한 강조는 '여성끼리의 동일성, 남성과 준별되는 차이성'에 집착하는 경향 때문에 여성들 사이의 계급적 차이를 흐린다. 여성 차별이 계급을 가로질러 일어나지만, 계급에 따라 차별의 정도와 양태는 차이가 크다. 서민층 여성과 달리 부유층 여성은 여성 차별을 완화할 자원과 권력이 있다.

남녀 대립적 페미니즘 측에는 자본주의 국가를 '남성 권력'으로 규정하는 사람이 많다. 그러나 남성 일반의 공통된 이해관계라는 건 없다. 자본주의 국가는 계급 중립적 기관이 아니다. 자본주의 국가는 남녀 자본가계급과 이윤 체제를 수호하는 구실을 한다. 김대중·노무현·문재인 정부 아래에서 여성운동의 일부 지도자가 장관이 되고 정부와 집권당에서 힘 있는 지위에 올랐지만, 서민층 여성의 삶이 크게 개선되지는 않았다. 바로 국가의 이런 본질 때문이다. 이준석과 하태경 등 우파 정치인들은 문재인 정부에 참여한 여성운동 지도자들의 개혁주의적 무기력도 페미니즘 공격에 활용했다. 국가를 활용해 위로부터 성 평등을 이루려는 전략은 여성운동의 기반을 더 협소하고 온건하게 만들었다.

여성운동이 자본주의 체제 내에서 일부 중간계급 여성의 지위 향상에 그치지 않고 평범한 대다수 여성의 삶을 크게 개선하려면, 여성운동은 노동계급 사람들이 대거 동참하는 대중운동이 돼야 한다. 그렇게 될 때 대중의 의식도 크게 변하고, 진정으로 여성해방을 성취하는 힘을 얻을 수 있다.

백래시와 여성 차별에 맞서 어떻게 싸울 것인가?

문재인은 페미니스트를 자처했고, 문재인 정부 들어 더 많은 여성 단체 지도자들이 국가기구로 진출했다. 그렇지만 성 평등의 진전은 미약했다. 심각한 성별 임금격차, 저임금, 시간제 일자리 위주 고용정책 등 박근혜 정부 때와 별로 차이가 없었다. 여성 대중의 염원이던 낙태죄 폐지는 하지 않고 유지하려 했고, 낙태죄의 법적 효력 정지 뒤에도 여전히 임신 중단을 법적 권리로 인정하지 않았다.

앞에서도 강조했듯이, 박근혜 정부 퇴진 이후 한동안 꾀죄죄하던 우파가 다시 부상한 것은 문재인 정부의 개혁 배신 때문이었다. 따라서 우파의 공세에 맞서며 성 평등을 진전시키려면, 여성운동 측은 민주당에 의존하지 말고, 독립적으로 기층에서 대중투쟁을 건설하는 데 온 힘을 쏟아야 한다. 특히, 노동계급 대중의 참여를 이끌어 내고, 여성과 남성이 단결해 함께 싸우도록 애써야 한다. 평등을 위한 여성의 투쟁과 노동계급의 계급투쟁은 별개가 아니다. 임신중단권, 공공 보육, 양질의 일자리, 복지 등을 위한 투쟁은 노동계급 전체에게 중요한 문제다.

장기 불황기에는 지배자들이 대중의 삶을 개선하는 실질적 개혁을 쉽게 양보하지 않는다. 심지어 전에 양보한 조처조차 거둬가려 한다. 성 평등을 더 전진시키려면 광범한 **대중투쟁**이 중요하다. 이와 함께, 남녀 노동계급의 단결을 도모하며 이런 투쟁 건설을 돕는 **계급적 정치**가 매우 중요하다. 정체성 정치가 아니라.

젠더 갈등의 원인과 해결책

청년층의 '젠더 갈등' 문제가 뜨거운 쟁점이 되고 있다. 젠더 갈등 문제는 대략 2018년부터 사회적·정치적 쟁점이 돼 왔고, 2021년 대선 때 여야 정치인들이 부동층이 많은 청년층의 표심을 공략하려고 달려들면서 더 부각됐다.

그동안 젠더 갈등의 원인과 해결책을 놓고 여러 가지 얘기가 나왔다. 먼저 정치인들과 언론이 흔히 젠더 갈등의 수준을 과장한다는 점을 지적해야겠다. 일명 '이대남 대 이대녀' 구도가 그렇다. 몇몇 단편적 여론조사 결과를 놓고 마치 20대 남성 전체와 20대 여성 전체가 서로 대립하는 것처럼 말하는데, 이것은 엄청난 과장이다. 여성이든 남성이든 단일한 이해관계를 지닌 집단이 아니다.

그렇다고 젠더 갈등이 그저 허구적 담론일 뿐인 것은 아니다. 일부 여성 개인들과 일부 남성 개인들 사이에 실제로 갈등이 일어난다. 이것을 정치인들과 주류 언론이 부풀리는 것이다. 그 이유는 청년들이 사회와 권력자들에게 갖고 있는 불만을 호도하고 다른 데로 향하도록 만들려는 것이다. 이런 주장을 하나씩 살펴보면서 젠더 갈등의 원인을 설명하려 한다.

20대 남성 역차별론

20대 남녀 갈등의 원인이 20대 남성이 차별받기 때문이라는 주장이 있다. 전 국민의힘 대표 이준석 등 우파 정치인들과 민주당의 일부는 문재인 정부의 친여성 정책으로 20대 남성이 차별받았다고 주장한다. 자유주의자 일부도 이런 주장에 동조한다.

많은 사람들이 2021년 4월 서울시장 보궐선거에서 민주당이 패배한 원인을 이렇게 해석했다. 즉, 20대 남성이 문재인 정부의 친여성 정책에 반발해 국민의힘 오세훈을 지지했다는 것이다. 그러나 2021년 재·보선에서 민주당의 지지 하락은 성별과 연령대를 불문하고 나타난 특징이었다. 그것은 문재인 정부의 개혁 배신에 대한 심판이었다. 문재인 정부에 대한 20대의 지지도 성별 격차가 있긴 해도 동반 하락하는 추세를 보였다(그림 3).

민주당 패배의 원인이 문재인 정부의 친페미니즘 때문이라는 이준석의 주장은 청년층의 불만을 호도하며 성별로 이간질하는 것이다. 우파는 여성의 지위가 예전보다 나아진 반면 요즘엔 페

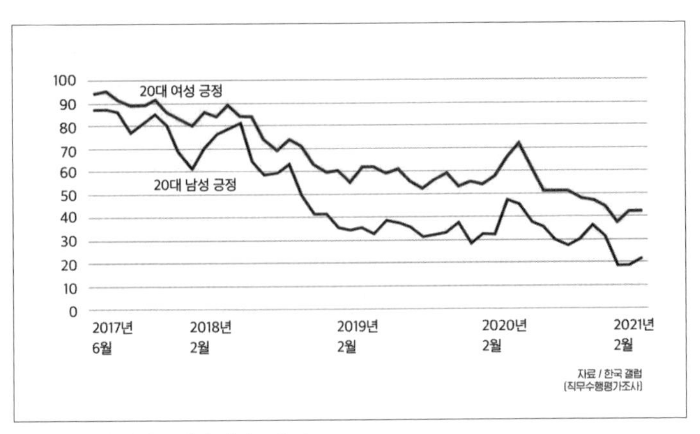

그림 3. 20대 남녀 문재인 지지도 추이

미니즘 때문에 오히려 젊은 남성이 역차별당한다고 한다. 남성 차별의 사례로 병역의무, 여성 할당제 등이 꼽힌다.

그런데 오늘날 젊은 여성이 더는 차별받지 않을까? 여성의 교육 수준이나 성취를 보면 얼핏 그런 것처럼 보일 수도 있다. 그러나 채용·승진과 관련된 차별, 임금 불평등, 여성 신체의 상품화와 왜곡된 이미지 등 차별은 엄존한다(그림 4). 그래서 20대 여성 다수가 자신을 페미니스트로 여기고, 지난 몇 년간 성차별 항의 운동에 많이 참가했다.

20대 남성이 차별받는지에 대해서는 혼란이 더 크다. 남성 차별은 흔히 우파가 하는 주장이지만, 우파만이 그런 주장을 하는 것은 아니다. 여성 평등을 옹호하는 사람들 중에서도 남성이 차별받는다고 보는 사람이 꽤 된다. 그러나 이는 '차별'을 사회 전

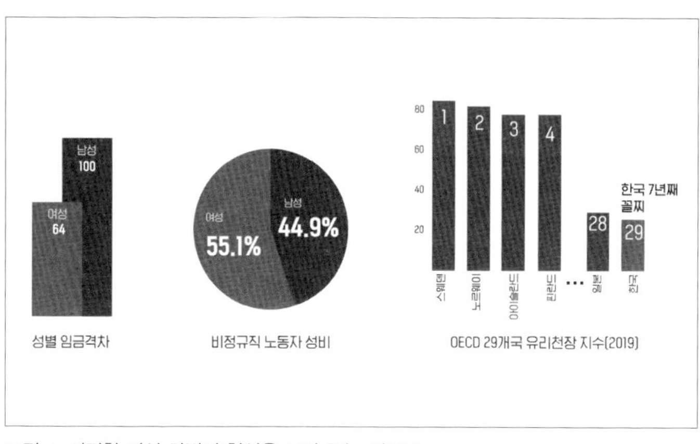

그림 4. 여전한 여성 차별의 현실을 보여 주는 지표들

체에서 특정 집단이 차지하는 낮은 지위로 보지 않고 시장 경쟁에서 개인들이 겪는 불리함으로 보는 것이다. 이렇게 차별 개념을 느슨하게 쓰면, 여성이 사회에서 구조적이고 체계적인 차별과 천대를 겪는다는 점이 흐려지기 쉽다.

남성에게만 부과된 병역의무가 남성 차별이라는 주장을 살펴보자. 청년 남성들이 힘든 군 복무를 한다는 것 자체와, 군 복무를 하고 나서도 별 보상이 없는 것이 핵심 문제다. 그러나 한국 남성들이 병역의무로 고통과 불이익을 받는다고 말하면 몰라도, 여성처럼 (체계적) 차별을 받는다고 말할 수는 없다. 한국 국가가 남성에게만 병역의무를 부과하는 것은 여성을 우대해서가 아니다. 친제국주의 지정학의 조건상 육군 육성이 중요한 상황에서 신체 조건상 남성이 군 자원으로 더 적합하다고 판단하고,

여성은 출산과 양육을 우선해야 한다고 간주한 결과일 뿐이다.

병역의무에 대한 남성들의 불만은 많은 여성도 충분히 공감한다. 군대 사병들의 열악한 처지와 인권 침해를 생각해 보면 특히 그렇다. 그래서 병사의 처우를 크게 개선하는 것과 함께, 군 복무 기간에 대한 충분한 보상이 필요하다. 다만, 그 보상이 여성이나 장애인 등 군 미필자 집단에게 피해가 전가되는 방식이어서는 안 된다. 1999년 헌재의 위헌 판결로 폐지된 군 가산점제가 바로 그런 것이었다.

남성 차별의 또 다른 사례로 꼽히는 여성 할당제 같은 여성 우대 조치 문제를 살펴보자. 이준석은 20대 남성을 위해 여성 할당제를 폐지해야 한다고 주장했다. 그러면서 문재인 정부의 무능을 여성 할당제로 임명된 여성 장관들 탓으로 돌렸다. 다행히 이런 노골적 성차별 주장에 찬동하는 청년은 적다. 이런 주장보다는 여성 할당제가 공정성에 위배된다는 논리가 청년들 사이에서 훨씬 많이 받아들여진다. 채용 관련 여성 우대 정책이 공정성을 침해한다는 것이다.

그러나 우선, 여성 할당제에 대한 과장이 많음을 봐야 한다. 여성 할당제가 20대 남성의 일자리를 뺏는다는 것은 참말이 아니다. 정당 비례대표 선거(여성 후보자를 50퍼센트 추천)와 일부 고위직을 제외하면, 여성 할당제가 시행되는 곳은 별로 없다. 민간 기업의 채용 과정에 여성 할당제는 없고, 국공립대·공기업

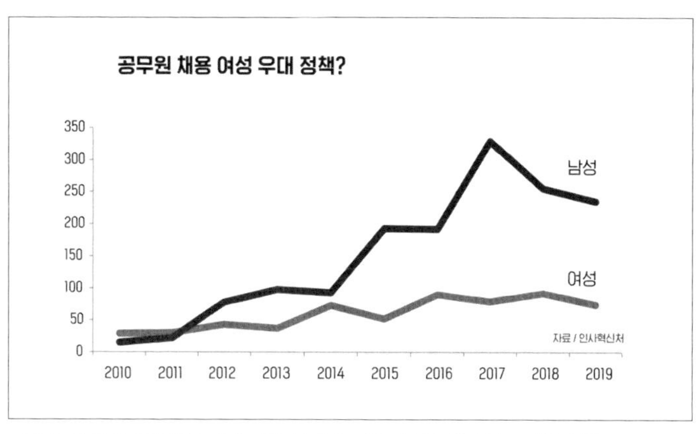

그림 5. 양성평등채용목표제에 따른 국가직·지방직 공무원의 추가 채용 인원

등 일부 분야에서 성별 균형 제도가 시행되고 있는 정도다. 공무원 채용 과정과 일부 공기업에서 양성평등채용목표제를 시행하지만, 남성에게 불리한 제도는 아니다. 남성이나 여성이 합격자의 30퍼센트 미만일 경우 일정 기준에 부합하는 지원자를 추가로 합격시키는 방식이므로, 성별로 인한 탈락자가 생기지는 않는다. 공기업의 여성 고용 비율이 2019년 기준 16.7퍼센트밖에 안 되므로, 여성의 비중이 낮을 때는 성별 균형 제도가 여성 우대 정책의 효과를 낸다. 그렇지만 공무원 채용에서는 이 제도가 여성 우대 정책이라고 하기 어렵다. 이 제도의 혜택을 보는 사람은 여성보다 남성이 더 많다. 인사혁신처 자료를 보면, 2003~2011년에는 양성평등채용목표제에 따른 추가 합격자로 여성이 더 많았으나, 2012년부터는 남성이 더 많았다. 2015~2019년 추가 채용 인

원에서는 남성이 약 76퍼센트를 차지했다(그림 5).

이처럼 여성 할당제 때문에 청년 남성이 일자리를 빼앗긴다는 생각은 근거가 취약하다. 그러나 양질의 일자리가 부족한 상황에서 불만과 불안감을 느끼는 청년의 일부가 그런 주장을 받아들일 수 있다. 경쟁 때문에 원자화된 개인들은 집단적 투쟁을 통해 희망을 발견하지 못하면 보수적 사상으로 이끌리기 쉽다.

능력주의가 공정한 경쟁 원칙이라는 주장에도 문제가 있다. 자본주의 사회에서는 계급에 따라 개인들이 얻는 기회의 차이가 크다. 개인들이 능력에 따라 공정한 경쟁을 벌인다는 것은 착각이고, 사회 불평등을 정당화하는 데 이용될 뿐이다.

젠더 갈등의 원인으로 20대 남녀의 의식 격차도 거론된다. 흔히 '이대남은 안티 페미니즘, 이대녀는 친페미니즘'이라고 과장한다. 그러나 청년층 남성 중에는 페미니즘에 불만 있는 사람들이 적잖이 있긴 해도, 청년의 다수가 안티 페미니즘인 것은 아니다. 여성 차별의 현실 자체를 부정하며 차별을 옹호하는 안티 페미니즘은 청년 남성 중 소수에 불과하다. "시민의식 조사자료"(한국민주주의연구소·한국리서치) 등을 토대로 한 논문 "20대 남성 현상 다시 보기"(최종숙, 2020년)는 다음과 같이 지적한다. "20대 남성의 성 평등 의식은 3040세대 남성보다 더 높거나 비슷한 수준이다. 20대 남녀의 성 평등 의식 격차도 다른 세대 남녀에 비해 크다고 하긴 어렵다."

젠더 갈등의 원인

국민의힘 정치인들은 문재인 정부의 개혁 배신에 대한 청년층의 환멸을 자기네에게 유리하게 이용하려고 젠더 갈등 프레임을 이용했다. 윤석열은 대선 때 여가부 폐지, 성폭력 무고죄 처벌 강화 등을 공약으로 내걸었다.

이런 주장은 여성이 차별받는 현실과, 청년 남성의 삶이 악화된 이유를 호도하고자 젠더 갈등을 부추기는 것이다. 실업, 양질의 일자리 부족, 주택난, 빈곤 등 청년 대중이 크게 고통받는 문제는 여가부의 성 평등 정책 때문에 생겨나거나 악화된 게 아니다. 사실 문재인의 '페미니즘'은 실질적 개혁은 거의 없는 생색내기에 가까웠다. 그래서 청년층 여성을 포함해 많은 여성이 불만을 품게 됐다. 임신중단권, 여성 고용과 임금 등의 조건 개선 미비가 대표적 사례다.

청년층 내의 젠더 갈등은 자본주의 사회의 불평등한 구조와 경쟁, 그리고 지배계급의 이간질 통한 각개격파 전략에서 비롯한다. 불평등한 사회에서 열악한 조건과 천대 때문에 많은 청년이 불만과 울분을 느낀다. 자신의 삶과 사회를 바꿀 수 있다는 자신감이 없거나 부족할 때, 권력자들이 성별로 이간질하면 여성과 남성의 분노가 서로를 향할 수 있다.

실업과 빈곤이 단지 청년층만의 문제는 아니지만, 20대에서

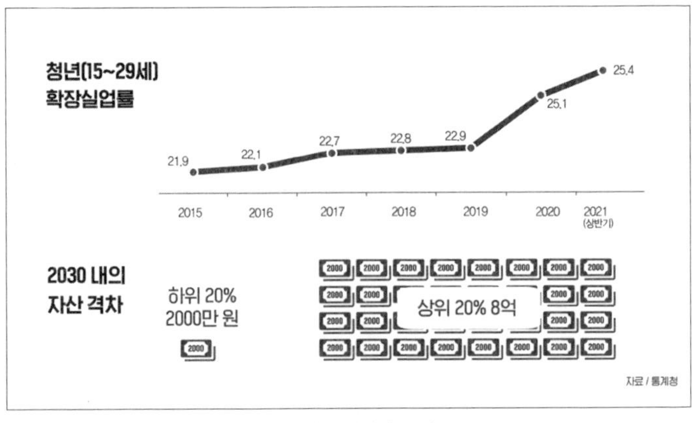

그림 6. 문재인 정부 아래에서 확대된 청년 실업과 불평등

두드러진다. 2021년 상반기 15~29세 확장실업률(25.4퍼센트)은 30대(11.7퍼센트), 40대(9.8퍼센트)보다 월등히 높다. 2030 내 자산 격차도 크다(그림 6). 문재인이 불평등을 해소하고 공정한 사회를 만들겠다고 약속했지만, 실제로는 불평등이 심화됐다. 그래서 문재인 정부에 대한 20대의 분노가 컸다.

실업과 빈곤, 일자리 불안정, 주택난 등은 대다수 청년 여성과 남성의 공통된 불만이다. 이것은 청년 개개인들의 노력 부족 탓이 아니라 자본주의 체제와 그 사회구조의 산물이다. 자본주의 사회에는 심각한 불평등이 있고 장기 불황은 이런 불평등을 더욱 심화시킨다.

경쟁적이고 불평등한 자본주의 체제의 수혜자이자 수호자인 지배계급이 젠더 갈등을 해결한다는 것은 거짓과 위선에 불과하다. 지배계급은 이윤을 보호하려고 불황의 고통을 평범한 사람들에게 전가해 대중의 삶을 악화시킨다. 그러면서 성, 인종, 성적 지향 등의 차이를 이용해 특정 집단의 사람들을 차별해서, 대중의 불만이 자기네를 향하지 않고 체제의 희생자들을 비난하게 조장한다.

남녀 대립적 페미니즘과 좌파의 약점

젠더 갈등의 주된 책임은 지배계급에 있다. 그렇지만 여성 차별에 맞서는 운동 세력이 그 표적을 잘못 겨냥하면 효과적 운동을 건설하지 못하고 오히려 젠더 갈등을 부추기는 데 일조하기 쉽다.

여성 단체들과 젊은 여성 활동가들 사이에서 영향력이 큰 남녀 대립적 페미니즘은 남성과 여성의 관계를 권력관계로 규정하며 암묵적·명시적으로 남성 일반을 잠재적 가해자, 여성 일반을 피해자로 취급하는 경향이 있다. 많은 남녀 대립적 페미니스트들이 폭력이나 성범죄 사건을 다룰 때 모든 남성이 잠재적 가해자인 양 주장하고, 남성 개인들과 여성 개인들 사이의 갈등을 모두 '여성 혐오'로 치부하며 남성을 도매금으로 매도해 왔다. 이런 주장은 2016년 강남역 살인 사건 당시와 그 뒤 몇 년간 〈한겨레〉와 〈경향신문〉 같은 중도진보 언론을 통해 사회 전체에 널리 확산됐다.

남녀 대립적 페미니즘이 모든 남성을 잠재적 가해자이자 여성 차별에서 득을 보는 집단으로 취급하는 것에 대다수 평범한 남성들은 반발하기 쉽다. 젠더 갈등을 촉발한 사례로 꼽히는 2018년 '이수역 폭행 사건'이 한 예다. 이 사건은 2018년 11월 서울 이수역 근처의 한 술집에서 여성 둘과 남성 셋 사이에 시비가 붙어 일어난 폭행 사건이었다. 개인들 사이의 다툼이 사회적 쟁점이 된 것은 여성 측의 주장이 온라인 게시판과 여러 언론의 보도로 급속히 퍼졌기 때문이다. 여성 측은 자신이 머리가 짧고 화장을 안 했다는 이유로 "메갈X"이라는 말을 듣고 남성들에게 일방적으로 맞았다고 주장했다. 그 여성을 폭행한 남성들을 처벌하라는 청원이 국민 청원 게시판에 올라왔는데 하루 만에 30만여 명이 동참했다.

그러나 이 사건의 진상은 여성 측의 주장과는 상당히 달랐다. 해당 여성이 일방적으로 폭행당한 게 아니고, 여성이 먼저 욕설을 하며 신체 접촉을 해서 싸움을 걸었다는 사실이 드러났다. 이 사건은 쌍방 폭행 사건으로 재판에 넘겨졌다. 여성과 남성 측 모두 재판에서 최종 유죄판결을 받았다. 남성 1명이 모욕 및 상해 혐의로 벌금 100만 원, 여성 1명은 모욕 혐의로 벌금 200만 원을 선고받았다. 재판부는 여성의 모욕적 발언으로 이 사건이 유발됐다는 점을 고려해 남성보다 더 높은 벌금형을 내렸다.

이 사건은 언론들의 선정성과 함께, 성별 이분법적 페미니즘의 약점도 드러냈다. 여러 유명 페미니스트들이 해당 여성 측의 주장을 진실로 단정하며 이 사건을 '여성 혐오' 사건이라고 주장했다. 2021년 젠더 갈등을 주제로 다룬 여러 토론회에 페미니즘 측 패널로 나간 신지예 한국여성정치네트워크 대표도 한 사례다. 당시 녹색당 공동운영위원장이었던 신지예 씨는 이수역 사건은 '여성 혐오' 사건이고 한국은 '여성 혐오 사회'라고 주장했다.

남성 개인(들)과 여성 개인(들) 사이에 분쟁이 일어날 때, 진상을 제대로 알 수 없는 사건인데도 무조건 여성 편을 들며 남성을 비난하는 경향이 페미니즘 내에 여전히 많다. 이런 성별 이분법과 도덕주의는 매우 위험하다. 해당 여성의 말이 허위이거나 과장이라면 억울한 피해가 생기고 평범한 사람들 사이에 분열이 일어난다. 또, 페미니즘에 대한 신뢰가 실추되며 페미니즘에 반감을 느끼는 사람들이 불필요하게 늘어나게 된다. 그래서 보수 우파가 이를 이용하기가 쉬워진다(이준석, 하태경 등등). 남성 일반을 잠재적 성범죄자 취급하는 등 남녀 대립적 페미니즘의 일부 과도한 주장과 실천은 평범한 청년 남성 상당수의 반발을 낳았다. 이런 상황은 문재인 정부의 개혁 배신이 낳은 환멸과 결합돼 우파에게 득이 돼 왔다.

여성 차별을 자본주의 사회의 구조나 작동 방식과 분리하고 남성 일반을 여성 차별의 원인으로 보는 남녀 대립적 페미니즘은 차별에 반대해 흔히 도덕주의적으로 대응한다. 남성 일반을 잠재적 가해자로 보는 한편, 여성에게는 무조건적인 도덕적 권위를 부여한다. 많은 페미니스트들은 페미니즘의 주장과 실천을 비판하면, 그것의 근본 문제의식을 따지지 않고 덮어놓고 백래시(안티 페미니즘)로 몰아세운다. 이런 태도는 운동의 발전에 꼭 필요한 토론과 논쟁을 거의 불가능하게 만든다.

한편, 중간계급 지향적 페미니스트들은 자본주의 체제 내에서 성 평등을 추구하며, 기층 남녀 대중의 투쟁을 건설하는 일에는 대개 무관심하다. 그 대신 국가기구를 활용하는 상층에서의 개혁을 추구한다. 이런 개혁주의 전략에 따라 많은 여성운동 지도자들은 민주당과 협조해 국가기구와 의회로 진출해 왔다. 성별 이분법적 노선은 남성이 대다수를 차지한 국가기구와 기업의 요직, 또 노동조합 기구에서 여성 몫을 늘리는 데는 유용하다. 그러나 사회의 상층부에 여성의 진출이 늘어난다고 해서 대다수 보통 여성의 삶이 나아지지는 않는다는 점이 이젠 잘 알려져 있다. 김대중 정부 이래 국가기구에 진출한 페미니스트들은 자본주의 체제의 논리에 타협하면서, 더 온건해지고 평범한 여성들의 기대를 배신해 왔다. 주요 여성 단체의 지도자들은 운동의 목표를 국가기구(공직) 진출에 두면서 여성운동을 노동운동이나 기층 사회운동과 분리해 협소하고 온건한 방식으로 이끌어 왔다.

남녀 대립적 페미니즘의 논리를 더 극단적으로 밀어붙여 남녀 분리주의를 주장하는 경우도 있다. 2018년 불법 촬영 항의 운동의 조직자들이 그런 사례였다. 물론 그 운동에 참여한 수많은 청년 여성들이 모두 그랬던 것은 전혀 아니다. 그 운동은 진정 급진적인 대중운동이었다. 온건한 주요 여성 단체 지도자들과 달리 문재인 정부와 권력 기관들을 거침없이 비판했다. 안타깝게도 그 운동은 오래 지속되지 못했다. 단일 쟁점 운동의 한계와 함께, 운동 조직자들이 남성 참가를 금지하고 배척하면서 연대와 효과적 저항 건설에 난점이 있었다. 남성을 잠재적 가해자 취급하는 노골적 분위기 때문에 청년층 남성 사이에서 상당한 반발도 낳았다.

좌파는 이런 상황에서 계급적 단결을 도모해야 마땅할 것이다. 그러나 지난 몇 년간 경험을 보면, 온건파·급진파 가리지 않고 좌파는 대부분 남녀 대립적 페미니즘의 개념들을 대폭 수용하거나 그에 굴복하고 주류 여성운동을 추수하면서 오히려 젠더 분열에 일조했다. 게다가 많은 좌파는 성 관련 분쟁을 이용해 경쟁 좌파나 개인에게 '성폭력 가해' 낙인을 찍으며 배척하고 연대를 파괴하기도 했다. 이런 분열주의는 가뜩이나 분열된 좌파를 더욱 분열하게 만들어 기층 노동운동을 약화시키고, 성 평등을 전진시킬 수 있는 계급적으로 단결된 진정으로 급진적인 노동자 운동을 건설하는 데 걸림돌이 되고 있다.

문재인 정부의 개혁 배신으로 대중의 환멸이 커졌지만, 정부에 맞서는 노동계급의 투쟁이 확대되며 전진하지 못한 결과, 세력균형이 좌파에게 불리해졌다. 노동운동의 주요 지도자들이 문재인 정부에 대한 비판을 상당 기간 삼가며 급진적 대중투쟁 건설을 회피한 것과 좌파들의 분열주의가 모두 좌파의 열세에 일조했다.

어떻게 해결할 것인가?

젠더 갈등을 해소하려면, 평범한 여성과 남성을 반목시키는 자본주의와 이를 유지하려는 지배계급의 시도들에 맞서야 한다. 노동계급을 성별로 갈라놓는 주장과 실천을 거부하며 폭넓고 비종파적 방식으로 대중투쟁을 건설해야 한다. 여성과 남성이 단결해 투쟁하면서 얻는 자신감은 사람들을 분열시키는 사상의 영향력을 약화시킬 수 있다.

당연히 여성 차별에 맞서야 한다. 그러나 여성운동이 성폭력 쟁점 중심으로 벌어지고 남성 개개인을 규탄하는 경향은 극복돼야 한다. 투쟁의 초점을 여성의 처지 개선, 성차별적 사회구조와 체제, 지배계급 권력에 맞춰야 한다.

여성 차별이 사라지는 사회를 만들려면, 성차별에 맞선 투쟁은 여성만의 투쟁이 아니라 보통의 남녀가 함께 참가하는 대중운동이 돼야 한다. 여성 차별에 맞선 투쟁은 계급투쟁과 별개가 아니어야 하고, 계급투쟁과 통합적으로 연결될 때 실질적 성과를 낼 수 있다. 백래시에 맞설 수 있는 힘도 여기서 나온다.

여성해방은 착취받고 천대받는 모든 사람의 해방과 분리될 수 없고, 여성 차별에 맞선 운동은 결국 자본주의 체제에 도전하는 운동의 일부가 돼야 한다.

'이대남' 논쟁과 정의당 페미니즘

2021년 재·보궐 선거 이후 20대 남성이 안티 페미니즘 성향이라는 주장이 유행했다. 윤석열과 국민의힘이 안티 페미니즘을 선거에 적극 활용하고, 20대 청년의 윤석열 지지가 높아지자 청년 남성들의 안티 페미니즘에 주목하는 글이 계속 나왔다. 2022년 2월 〈중앙일보〉 '나는 고발한다' 칼럼에서는 청년 남성들의 안티 페미니즘 문제를 놓고 다양한 필자가 논쟁을 벌였다. 류호정 정의당 의원의 글 "정의당의 페미니즘은 실패했다, 류호정도 그렇다"가 실리자, 박가분 작가(정의당 당원)가 반론을 펼쳤다. 이틀 뒤에는 박가분의 글 "이대남에 엉뚱한 좌표 찍은 여與 … 그들의 표 계산 완전 잘못됐다"가 실렸고, 신지예 씨가 이를 비판했다(이하 모든 존칭 생략).

페미니즘을 찬성하는 쪽이든 반대하는 쪽이든 관점은 달라도, 20대 남성의 다수가 안티 페미니즘이라는 가정은 공유하는 경우가 많다.

몇몇 여론조사 결과를 보면, 청년 남성 중 페미니즘에 거부감을 나타내는 사람들이 많다. 이를 두고 청년층의 다수가 안티 페미니즘 성향이라고 해석하는 경우가 흔한데, 정확하지 않다. 페미니즘에 거부감을 나타내는 사람들이 모두 성 평등에 반대하는 것은 아니기 때문이다. 최종숙 한국민주주의연구소 선임연구원의 논문(2020년)을 보면, 20대 남성의 성 평등 의식은 20대 여성을 제외하고는 다른 어떤 세대·성별보다 높은 편이었다. 사람들의 의식은 흔히 모순돼 있으므로, 이분법적 결론을 내는 연구는 주의해야 한다. '안티 페미니즘'을 느슨하게 사용할 게 아니라, 성 평등에 반대하며 여성 차별을 정당화하는 사람들에 한정해서 써야 한다.

'이대남 신드롬'은 분명 과장돼 있다. 그렇지만 청년 남성 사이에서 나타나는 페미니즘에 대한 거부감을 신지예처럼 단지 남성우월주의 집단들에 의해 "기획된 것"으로 치부할 수는 없다. 류호정은 우파의 페미니즘 백래시에 환호를 보내는 청년 남성들의 안티 페미니즘에 개탄하면서, 그렇게 된 이유의 하나로 워마드를 꼽는다. 정의당의 문제점은 좋은 정책을 잘 알리지 못한 것, 페미니즘을 쉽게 설득하지 못한 것이라고 한다. 물론 페미니즘은 하나가 아니고 워마드가 페미니즘을 대표하지 않는다는 지적은 맞다. 워마드처럼 남성을 혐오하고 배척하는 분리주의 페미니즘은 여성운동의 주류가 아니다.

그러나 평범한 청년 남성들이 반발하는 남녀 대립적 페미니즘은 단지 분리주의 페미니즘에 국한되지는 않는다(분리주의 페미니즘은 남녀 대립적 페미니즘의 극단적 경향이다). 남성 일반을 권력자 또는 잠재적 가해자로 보며 남 대 여 대립 구도를 설정하는 종류의 페미니즘은 여연 등 여성 단체에서도 수용돼 왔고, 좌파의 다수도 그렇다. 2016년 강남역 살인 사건 이후 〈한겨레〉, 〈경향신문〉 같은 중도진보 언론이 남성 일반을 잠재적 성범죄자나 성차별주의자로 취급하는 주장을 대거 실었다. 이런 점에서 박가분이 페미니즘이 성별 대립을 부추겨 왔다고 지적한 것은 일리가 있다. 20대 남성을 극우나 일베처럼 취급해서는 안 된다는 지적도 옳다.

그런데 박가분 역시 일면적이다. 특히, 페미니즘의 약점만 보고, 20대 남성들의 의식을 단일한 것(안티 페미니즘)으로 취급한다. 그는 문재인 정부에 대한 청년 남성의 지지율 하락을 정부의 친페미니즘 기조 때문이라고 보고 여가부 폐지에 찬성하는 사고의 혼란을 보인다. 또한 2018년 불법 촬영 항의 시위가 성차별에 반대하는 대중운동이었다는 점을 무시한다.

그러나 문재인 정부의 친페미니즘 미사여구나 일부 정책에 일부 청년 남성들이 반발했어도, 청년 남성 다수가 그 정부에 등을 돌린 핵심적 이유를 페미니즘 문제로 볼 수는 없다. 그런 주장은 사실 개혁이 과해서 문재인 인기가 떨어졌다는 우파의 터무니없는 비난에 문을 열어 준다. 실제로는 20대 남녀의 정부 지지율이 (양적 차이는 있어도) 비슷하게 오르내리는 경향이 있었다. 문재인 정부 출범 당시 20대 남녀 모두 정부 지지가 매우 높았다. 문재인이 페미니즘 언사를 가장 많이 하고 내각에 여성을 30퍼센트 할당한 것은 임기 초반이었다. 2020년 4월 총선 때도 민주당 지지율은 모든 성별과 연령대에서 2017년 대선 때보다 증가했다(당시 민주당은 우파 야당이 팬데믹 초기에 노골적 반反서민성을 드러낸 덕분에 반사이익을 얻었다). 한편, 2021년 민주당이 참패한 서울시장 보궐선거에서는 2030 청년 남녀 모두에서 지지가 하락했다.

청년층의 문재인 지지 하락은 불평등이 개선되며 삶이 나아지기를 바란 청년들의 변화 염원을 문재인 정부가 전혀 충족시키지 못한 것이 핵심 원인이다. 정부는 자신의 개혁 배신을 정당화하기에 바빴고, 이를 위해 청년을 성별로 이간질했다. 정부의 지지 하락은 정부 탓이 아니고 '이대남'의 안티 페미니즘과 젠더 갈등 탓이라고 말이다. 그러나 젠더 갈등의 주된 책임도 문재인 정부와 이를 노골적으로 이용하려는 우파 정치 세력에 있다.

이보다는 책임이 훨씬 덜하지만, 남녀 대립적 페미니즘의 과도함은 상당수 청년 남성의 반발을 낳으며 젠더 갈등이 부각되는 데 일조했다.

정의당의 페미니즘은?

류호정은 워마드를 비판하는 한편, 문재인 정부와 민주당에 들어간 "엘리트 여성운동가들의 실책"도 지적한다. "박원순·오거돈 성폭력 사건" 방관, "피해호소인"이라는 "해괴한 신조어" 사용, 윤미향과 정의기억연대 옹호, 민주당 이재명 대선 후보 아들의 "여혐"을 감싼 것 등이 그것이다. 말하자면, 민주당의 페미니스트들이 "내로남불"의 모습을 보인 것이 페미니즘을 "난처"하게 만들었다는 것이다. 실제로, 2020년 윤미향과 정의기억연대의 회계 부실이 문제가 됐을 때 민주당의 페미니스트 의원들(남인순, 김상희)이 주류 양당 간 진영 논리로 이를 변호한 것은 청년층의 분노를 샀다. '위안부' 피해자 이용수 할머니의 윤미향 비판에는 '위안부' 문제 미해결 현실에 대한 개탄도 있었는데, 당시 민주당은 윤미향에 대한 비판을 모두 우파적·친일적 공격인 양 싸잡았다.

그러나 류호정이 2020년 박원순 사건에서 민주당의 페미니스트 의원들(남인순, 김상희, 진선미 등)이 "피해호소인" 용어를 쓴 것을 문제 삼는 것은 부적절하다. 이 용어는 "해괴한 신조어"가 아니다. 여성운동 일각에서 남녀 대립적 페미니즘의 주관주의적 성폭력 개념에 대한 문제의식에서 수년 전부터 사용돼 왔다. 류호정 자신도 박원순 사망 뒤 한 라디오 인터뷰에서 피해호소인이라는 용어를 여러 차례 사용했다(YTN라디오 '노영희의 출발 새아침', 2020년 7월 13일).

7월 16일 우파 변호사 김재련(게다가 박근혜 정부의 여가부 권익증진국장을 지냈다)이 민주당과 서울시가 "피해호소인"이라는 표현을 썼다며 이를 "2차가해"라고 비난하자, 상당수 페미니스트(그 전에 이 용어를 사용한 사람들도 포함해)가 김재련의 주장에 동조했다.

박원순의 사망으로 실체적 진실을 파악하는 게 불가능한 상황에서, 무조건 해당 여성 편을 들지 않았다고 '2차가해'로 비난하는 것은 확증 편향일 뿐이다. 당시 민주당의 페미니스트 남인순 의원이 보인 진짜 문제는 임순영 서울시 젠더특보에게 피소 사실을 유출한 것이었다. 남인순에게 정보를 준 게 여연 김영순 상임대표로 드러나 김영순은 대표직에서 물러났고, 여연은 대중의 불신을 사게 됐다.

김재련 등 우파가 민주당을 공격하고자 남녀 대립적 페미니즘의 피해자 중심주의와 2차가해 개념을 활용하자 여성 단체들은 혼란에 빠졌다. 진상을 알 수 없어도 무조건 피해 호소 여성 편에 서야 한다는 주장을 많은 페미니스트가 수용해 왔기에, 이 사건은 우파에게 유리하게 이용됐다. 정체성 정치의 논리에 따라 박원순 사건에서 심지어 많은 페미니스트가 김재련과 제휴해 활동했는데, 신지예도 그중 하나다. 윤석열 캠프로의 합류가 좌절됐어도 신지예는 계속 윤석열을 지지했다. 류호정은 피해자 중심주의를 지지하므로 이 문제로 인한 여성운동의 혼란에서 교훈을 제대로 이끌어 내지 못한다. 피해자 중심주의는 엄밀한 진상조사의 필요성을 부정하며 합리적 문제 제기를 가로막아 왔고, 이는 여러 피해를 낳고 여러 운동 내에서 수많은 분열을 야기해 왔다.

류호정은 협소하게 민주당으로 간 몇몇 "엘리트 여성운동가들의 실책"을 지적할 뿐, 그들이 내포하고 있는 근본적 문제는 제기하지 않는다. 여성운동 지도자 출신 정치인들이 성 평등을 실현하겠다며 민주당에 들어갔지만, 노동계급 등 서민층 여성의 조건은 별 개선이 없었다. 문재인은 내각에 30퍼센트 여성 할당으로 주류화 지향 여성운동가들의 환심을 샀지만, 노동계급 등 서민층 여성을 위한 개혁은 거의 제공하지 않았다. 류호정은 여성운동의 주류가 공공연한 친자본주의 정당인 민주당과 동맹하는 전략을 취해 온 것을 비판하지 않는다. 정의당이 한동안 문재인 정부와 민주당에 대한 비판을 삼가며 드러내 놓고 협력했고, 정의당의 페미니즘도 페미니스트들의 공직 진출을 통해 성 평등을 실현한다는 '성 주류화' 전략을 따르기 때문일 것이다.

정의당의 페미니즘은 이데올로기 면에서 여연의 페미니즘과 그다지 큰 차이가 없고, 실천 면에서도 더 나은 모습을 보이지 않았다. 정의당은 사회운동과 정치를 예리하게 분리시키는 입장을 취하며 기층에서 운동을 건설하는 것을 부차화한다. '정치'는 입법 활동이나 선거 대응 수준으로 협소해진다.

정의당 의원들이 의회 연단이나 언론을 통해 차별에 반대하는 발언을 하며 몇몇 개혁 입법안을 발의하는 것은 좋은 일이다. 그렇지만 이것으로는 전혀 충분하지 않다. 성별 대립에 반대하며 진정으로 성 평등을 실현하려는 정당을 표방한다면, 기층에서 급진적이며 노동계급 남녀가 단결하는 폭넓은 대중운동을 건설하는 것을 중시해야 한다. 2016년 폴란드에서 임신중단권 시위('검은 시위')가 대규모로 일어난 데는 여성들의 높은 자발성과 함께, 좌파 정당 라젬이 중요한 구실을 했다. 아쉽게도 정의당은 한국의 임신중단권 운동에서 이런 모습을 보여 주지 못했다.

여성과 남성이 평등한 사회는 노동계급과 차별받는 사람들이 스스로 참가하는 대중운동으로만 가능하다. 그리고 성별 이간질에 맞서는 가장 효과적인 방법은 노동계급의 여성과 남성, 청년과 중장년의 사람들이 공통의 적에 맞서 단결하는 것이다. 이 말은 차별에 맞서는 투쟁이 계급투쟁과 분리된 것이 전혀 아니라는 뜻이다.

2장

한국 페미니즘의 정치

급진적 페미니즘과 분리주의 페미니즘

우리나라의 진보적 여성운동은 거의 다 급진적(남녀 대립적) 페미니즘 사상의 영향을 받아 왔다. 급진적 페미니즘은 기존 사회가 위계적으로 조직돼 있고 그 위계 체제가 여성 차별적이고 남성 본위라고 본다.

'급진적'(래디컬)이라는 말은 근본적 관점으로 사회를 보고 사회의 큰 변화가 있어야 한다고 생각하는 것을 뜻하는 말이다. 혁명적 반자본주의자들이 보기에 장하준은 정치적으로 사회민주주의자이지만 분명 그의 이론은 급진적이다(그렇지 않다고 생각하는 사람은 그의 책을 읽어 보지 않았음이 틀림없다). 녹색당의 현실 정치는 좌파적 개혁주의이지만 그들의 더 일반적인 이데올로기는 매우 급진적이다(가령 사회 생산력의 증대 자체에 이의를 제기하는 것). 또한 알바노조와 알바연대가 지지한 가이 스탠딩도 정치적으로는 영국 노동당 지지자이지만 그의 이론은 급진적이다(넓은 의미에서 자율주의의 일종). 마찬가지로, 급진적 페미니즘이 기존 사회가 남성이 여성을 지배하는 위계적 체제로 조직돼 있다고 보는 것은 급진적이다.

물론 이런 근본적 관점으로 사회를 보면서도 자본주의를 개혁하겠다는 지도적·중견 활동가들이 여성운동의 본류를 이끌고 있다(오래 끄는 경기 침체 상황에서는 공상이다). 그렇지만 그렇다고 그들을 단순한 자유주의자로 규정하는 것은 일면적 평가다. 2016년 강남역 살인 사건이 일어났을 때, 그 사건을 계기로 여성운동 거의 전체가 후원하거나 조직한 각종 집회와 토론회 등이 열렸다. 그 행사들은 급진적 페미니즘을 고취하고 홍보하기 위해 열린 것이었다. "남성이어서 죄송합니다" 하며 지지하는 사람들도 적지 않았다.

물론 여성운동의 간부들은 자유주의적 개혁파 정치인들과 정치적으로 가까이 지내 왔다. 가령 여연과 여성민우회, 성폭력상담소, 여성의전화 지도자들의 정치는 민주당 개혁파 국회의원들과 별로 다르지 않다. 그러나 그들의 페미니즘 사상은 여전히 급진적이라고 할 수 있다. 그들의 젊은 지지자들보다는 덜 급진적일지라도 말이다.

요컨대 급진적 페미니즘의 정치는 개혁주의라는 의미에서 우리는 급진적 개혁주의에 대해 말할 수 있다(물론 큰 줄거리에서 급진적이라는 것이지, 개별 이슈들에서는 그다지 급진적이지 않은 경우도 많다).

급진적 페미니스트들이 기존 사회의 진보적 일대 변화를 바라기 때문에 사회주의자는 그들의 운동에 대한 지지에서 출발해야 한다. 비록 그들이 조직 노동계급 운동과 혁명적 사회주의자들을 극도로 경계할지라도 그들이 기존 사회의 큰 변화를 염원한다는 사실을 가볍게 보아 넘겨서는 안 된다.

방법

그러나 급진적 페미니즘은 사회체제의 본질적 특징을 생산과 노동과 착취라는 면에서 규정하지 않는다. 그보다는 '가부장제'로 규정하는 경향이 있다. '가부장제'라는 말은 요즈음에는 훨씬 덜 사용되고 그 대신에 '여성 혐오'라는 말이 많이 쓰이고 있는데, 아무튼 가부장제는 '남성이 여성을 지배하는 체제' 정도로 이해하면 될 것 같다.

자본주의를 임금노동의 착취를 중심으로 하는 생산관계와 생산력이라는 면에서 보지 않고, 남성이 지배하는 여성 차별적이고 남성 본위적인 체제로 본다는 것은 마르크스의 역사유물론과는 전혀 다른 방법이다. 급진적 페미니즘의 방법은 본질적으로 관념론적이고 비非역사적이다.

그래서 급진적 페미니즘은 특히 문화 쪽으로 향하는 경향이 있다. 이 때문에 급진적 페미니즘 사상을 설파하는 책은 넘쳐나고 그 사상은 수많은 대중에게 알려졌어도 그 사상을 위해 대중 행동을 하는 일은 훨씬 드문 경향이 있다(이 점에서 기존의 급진적 페미니스트들에 비해 '불편한 용기' 측의 성취가 돋보인다).

급진적 페미니즘의 문화주의와 달리 혁명적 마르크스주의자들은 급진적이 되고 있는 새 세대 여성과 청년에게 역사유물론과 그 자본주의 분석인 '정치경제(학) 비판'을 설명하고 강조해야 한다. 그리고 여성·성소수자 차별을 이와 연결해야 한다. 또한 노동계급 여성의 조건과 상황을 분석하고, 그들의 욕구와 운동에 민감하게 반응해야 한다. 급진적 페미니스트들의 주장과 달리, 노동조합이 남성 지배적이지 않고 여성도 다양한 산업부문의 노동조합에 가입하고 있음을 보여 줘야 한다.

남성은 기득권자?

급진적 페미니즘의 결함 있는 관점을 반영하는 사례를 하나 들겠다. 이다혜라는 작가는 다음과 같이 말한다. "한국에서는 페미니즘이라는 말도 페미니스트라는 말도 '패션'이나 '유행'이라고 부르기에는 생업의 안위를 걸고 하는 위험천만한 행위다." 그는 이런 주장을 뒷받침하기 위해 두 가지 사례를 드는데, 다음의 것들이다.

(1) 아이린이라는 연예인이 《82년생 김지영》을 읽었다고 말한 것을 두고 일부 팬들이 광분한 일.

(2) 수지라는 가수 겸 배우가 유튜버 양예원 씨의 성폭력 피해 수사 촉구 국민 청원 글에 동의했다 해서 청와대 국민 청원 게시판에서 수지 사형 청원이 시작된 일.

그러나 이런 일들은 대다수 남성들이 자행하는 일이 아니다. 자본주의적 소외 상황을 견디지 못하고 손쉬운 통제 대상을 여성이나 다른 천대받는 사람들에게서 찾는 소수 남성들의 찌질한 행동일 뿐이다. 급진적 페미니스트들은 남성 전부 또는 대부분을 이런 찌질이들과 싸잡아 도매금으로 매도하는 경향이 있다. 남성을 모두 보수 편견쟁이로 몰아세움으로써 급진적 페미니스트들은 자신들의 중도 입장을 정당화하는 경향이 있다.

보통의 남성들을 여성 비하적 찌질이들과 한통속으로 취급하는 것은 남성들에게 모욕감을 줄 수밖에 없다. 남녀 노동계급의 단결된 투쟁이 중심이 된 광범하고 좌파적인 대중운동이 구축되지 못하면, 급진적 페미니즘에 대한 '백래시'가 결국에는 광범한 지지를 받을 수 있는 까닭이다.

이다혜 작가는 또한 페미니즘 강의나 토크 행사에서 가장 많이 나오는 질문 하나를 소개했다. "남편, 남성 동료, 남자친구, 아들이 페미니즘을 이해하고 행동과 말을 바꾸게 할 수 있는 좋은 책은 뭐가 있을까요?" 이어 그 작가는 다음과 같이 말한다. "내

답은 다소 회의적이다. 기득권을 가진 사람이 흔쾌히 받아들일 수 있는 모범 답안이 있다면, 애초에 차별이 없었[을 것이다.]"

남편, 남성 동료, 남자친구, 아들더러 기득권자라고? 참으로 급진적이기는 하다! 그러나 누군가가 차별을 당하지 않는다고 해서 그가 기득권을 가졌다고 보는 건 비약이다.

내향성

급진적 페미니즘은 1960년대 말 미국에서 처음 등장했을 때, "개인적인 것은 정치적이다"라는 기치를 내걸었다. 지당한 말이다. 육아·보육·연애·섹스 등에 자본주의가 영향을 미치지 않는다고 할 수 있는가. 자본주의의 소외 효과와 경제 위기 상황으로 소위 프라이버시의 모든 측면과 양상이 크고 작은 영향을 받을 수밖에 없다.

그러나 "개인적인 것이 정치적이다" 하고 주격 조사를 바꿔, 개인적인 것에 강조를 두어 말해 보라. 그러면 그것은 여성 차별의 문제들을 개별 남성들의 책임으로 보라는 촉구인 것이다. 실제로 급진적 페미니즘은 특히 1968년 반란이 패배한 1975년 이후 급속히 이런 경향을 드러냈다. 열 일 제쳐 두고 여성에 대한 폭력 문제에 배타적이다시피 한 강조가 놓이게 된 건 자연스런 결과였다. 물론 우리는 여성에 대한 폭력에 한결같이 반대한다. 특히, 가정 폭력 문제가 심각하다. 그렇지만 급진적 페미니즘이 동일임금 문제나 보육 문제, 그 밖의 여성 노동자 조건 문제들에 실천상 그다지 열심이지 않은 것은 중간계급 지향성과 개인주의를 드러내는 것이다.

"개인적인 것이 정치적이다"라는 사상은 또한 라이프스타일 바꾸기 운동으로 나타났다. 요즘의 "탈코르셋" 운동은 1968년 운동 패배 후 급진적 페미니즘의 일부가 실천한 라이프스타일 바꾸기 운동의 축소판이다. 라이프스타일 바꾸기 운동은 여성들이 사회의 변화에 관심을 덜 갖게 만들었다. 그 대신에 자기 성찰이라는 미명 아래 자기와 무관한 일에 관심을 최대한 줄이고 자아 또는 자기 내면을 들여다보는 일에 훨씬 큰 관심을 기울이게 만들었다. 급진적 페미니스트들은 점점 더 내향적이고 개인주의적이 돼 갔다.

분리주의 페미니즘

앞서 이다혜 작가가 "남편, 남성 동료, 남자친구, 아들"을 기득권자로 지칭한 사례를 들었다. 일반으로 말해, 어떤 페미니스트가 남편, 남성 동료, 남자친구, 아들이 기득권을 가졌다고 봐도 이들을 적대하지 않는다면 그는 단순한 급진적 페미니스트일 뿐이다. 그러나 그가 남성을 적대한다면 그는 분리주의 페미니스트다(남성을 기득권자로 보는데도 어떻게 분리주의적이지 않을 수 있겠느냐는 질문이 나올 수 있지만, 현실의 압력은 급진적 페미니스트는 물론 다른 분야의 급진주의자도 덜 일관되게 만든다). 급진적 페미니즘을 급진적 방향으로 가장 극단까지 밀고 나간 것이 바로 분리주의 페미니즘이다. '분리주의'라는 말은 남성과의 그 어떤 접촉도 극력 기피한다는 뜻이다.

급진적 페미니즘과 분리주의 페미니즘을 동일시해선 안 된다. 1970년대와 1980년대 미국과 영국에서는 둘이 서로 구별되지 않았다. 한국에서는 불과 몇 년 전까지만 해도 융합돼 있었다. 그러나 요즘은 다르다. 2014년 영국 대학생 페미니스트들을 상대로 한 조사에서 자신이 "급진적 페미니즘"을 지지한다고 답변한 사람은 응답자의 18.5퍼센트였고, "분리주의 페미니즘"을 지지한다고 답변한 사람은 1.2퍼센트밖에 안 됐다. 이 현상은 이제 둘을 동일시할 수 없음을 뜻한다.

이제 급진적 페미니스트들은 남성과 제한적·형식적으로 협력할 수 있다. 특히, 남성들이 페미니즘 지지자를 자처하며 열위劣位를 감수하는 한은 말이다. 그렇지만 분리주의자들은 그조차 싫다며 맹렬하게 거부한다. 가령 비웨이브와 '불편한 용기'의 조직자들은 남성 참가를 단호하게 배격한다. 반면 모두를위한낙태죄폐지공동행동(이하 모낙폐) 조직자들은 남성의 참가를 허용한다.(그렇다고 해서 모낙폐 조직자들의 정치가 진정으로 개방적인 것은 아니다. 그들도 운동의 집행 수준에서는 페미니스트들만이 참여하도록 하고, 페미니즘을 비판하는 혁명적 마르크스주의자들은 배제해 왔다.)

앞서 남성을 기득권자로 보는 것에 대해 얘기했다. 남성이 기득권을 갖고 있다고 생각하는 사람들 중 일부는 남성이 여성 차별로 득을 본다고 주장한다. 이를 두고 **특권 이론**이라고 한다. 페미니스트 하이디 하트먼은 선구적으로 1970년대 말에 특권 이론을 주창했다. 그 주장인즉슨, 남성 노동자들이 자본주의 지배자들과 공모해 여성을 일부 직종에서 배제해 왔다는 것이다. 하트먼은 1981년 "마르크스주의와 페미니즘의 불행한 결혼"이라는 논문으로 국제적으로 유명해졌다.[1]

급진주의든 그 일종인 분리주의든 그 전제는 생물학적 성차 때문에 남녀의 차이가 결코 해소될 수 없다는 것이다. 저명한 진화심리학자 스티븐 핑커 하버드대학교 교수가 대변자의 한 명이지만 사실 이는 상식이 돼 있다.

그러나 성차 결정론의 주장대로 여성에게 타고난 모성이 있다면, 도대체 왜 시간이 갈수록 점점 더 많은 여성이 아이를 낳지 않기로 결정하는가? (물론 급진적 페미니스트들 가운데는 모성 관념을 비판하는 사람들이 많다. 가령 한때 급진적 페미니스트였던 엘리자베트 바댕테르의 《만들어진 모성》(동녘, 2009)을 보라. 이 책의 원서는 1980년에 쓰였다.)

《젠더, 만들어진 성》(휴먼사이언스, 2014)의 지은이 코델리아 파인은 성차 결정론이 사이비 과학이고 그것도 여성 차별을 정당화하는 사이비 과학임을 보여 준다. 특히, 남녀 행동의 차이는 생물학적으로 결정되는 게 아니라 사회적으로 학습되는 것이라고 강조한다.

만약 성별 차이가 생물학적 성차로 결정되는 것이라면 성 평등을 위한 투쟁은 '해 봤자'일 것이다. 그러므로 성차 결정론을 믿는 급진적 페미니스트들은 성 평등에 거스르는 사상을 바탕으로 성 평등 운동을 하는 모순을 품고 있는 것이다.

방금 언급한 코델리아 파인 외에도 스티븐 로즈와 리처드 르원틴 등이 성 역할과 성별 차이에 대한 생물학적 결정론을 논박한 바 있다. 마르크스주의자는 이들의 업적을 활용해야 한다.

개혁주의나 자유주의 정치의 대안이 될까?

분리주의 페미니스트의 대표 사례는 '불편한 용기' 조직자들이다. 그들은 "운동권"을 "꿘충"이라며 배제하는데, 특히 기존 여성 단체 간부들을 겨냥한 방침이다. 만일 그들이 독자적으로 동맹을 규합한 네트워크를 구축하지 않고 그저 기존 여성 단체들의 주도권 아래서 불법 촬영 근절 운동을 건설했다면, '불편한 용기' 시위만큼 커다랗고 효과적인 운동을 일으키지는 못했을 것이다. 그런 식의 지도를 받으며 조직됐다면, 급진성과 투쟁성, 활력이 떨어져 맥없고 청원 식인 훨씬 소규모 집회로 열렸을 것이다.

'불편한 용기' 조직자들의 '운동권' 배제는 그들이 우파여서가 아니라 정치를 배제하는 아나키즘 때문이다. '불편한 용기'의 카페 공지사항은 다음과 같이 밝히고 있다. "우리는 워마드, 운동권 및 그 어떤 단체와도 무관한 익명의 여성 개인의 모임입니다." 또, 이렇게 말한 것도 눈에 띈다. "운동권 단체 분들 본인들의 이익을 위해 여성들을 농락하지 말아 주세요." 요컨대 각자의 삶을 살며 흩어져 있는 개인(여성)들이 단일한 목표(불법 촬영 근절)를 위해 잠시 결집한 것일 뿐, 정치와는 관계없다는 것이다.

그러나 마르크스는 바쿠닌파派를 비판하며 아나키즘에 대해 다음과 같이 말했다. "정치를 피하라고 설교하는 사람치고 부르주아 정치에 다시 빠지지 않는 사례가 없다는 걸 나는 아주 잘 알고 있다." 엥겔스도 마르크스의 아나키즘 비판을 상기시키며 다음과 같이 말했다. "정치를 삼가는 건 사실 정치를 자유주의적 정치인이나 개혁주의적 정치인에게 맡기는 셈이다."

실제로 '불편한 용기'는 그 급진성에도 불구하고 정현백 전 여가부 장관 같은 개혁주의 정치인에게 우호적이다.

페미니즘 운동 내의 분리주의 경향은 말할 것도 없고 더 일반적으로 급진적 경향 자체가 결국 개혁주의 또는 자유주의 정치의 대안이 되지 못할 것이다. 그 이유는 크게 세 가지다.

첫째, 이제 여성운동이 분열해 단수가 아니라 복수의 운동들로 존재하기 시작했는데, 다원주의가 유력하면 사람들은 상대주의적이고 실용주의적으로 기존의 커다란 실세에 기대는 경향이 커지게 된다. 그 실세는 혁명기가 아닌 평상시에는 자유주의 정당이나 개혁주의 정당일 것이다.

둘째, 여성운동의 분열에 반대해, 여성이 모두 공통점이 있다고 계속 강조해 여성 연대가 그럴듯해 보인다고 해도, 실제로는 신기루일 뿐이다. 물론 여성은 모두 차별받는다. 그러나 차별받는 방식과 정도는 계급에 따라 크게 다르다. 지배계급이나 상층 중간계급 여성들은 차별을 크게 완화하거나 달리 해소하거나 전가할 수 있다. 임신 중단 문제나 육아 문제를 생각해 보라. 이런 계급적 차이 때문에 여성운동 내의 정치적 모순들을 화해시킬 수 없다.

셋째, 여성 차별의 원인을 생각해 보면, 분리주의나 급진주의로 문제를 해결할 수 없음을 알 수 있다. 자본주의 사회에서 차별의 원인은 가부장제나 여성 혐오가 아니다. 노동력 재생산이 원인이다. 노동력 재생산 때문에 가족도 존속하는 것이다. 노동력 재생산은 자본주의 생산이 필요로 하는 것이다. 자본주의 시스템을 제거하지 않고서는 여성 차별을 끝낼 수 없다.

여성운동이 이 핵심적 문제를 계속 회피하려 한다면 여성해방의 전망 자체를 회피하는 셈이다. 현재 여성운동이 내다보는 전망은 체계적 천대로부터의 '해방'이 아니라 천대의 '완화'다. 그리고 자본주의의 타도와 전복이 아니라 자본주의의 '친여성적' 개혁이다.

그러나 자본주의는 노동력 재생산의 필요성 때문에 여성을 (기존 가족제도 안팎에서) 노동력 재생산에 필요한 일들에 종속시킨다. 그래서 오래 끄는 경제 불황 속에서는 여성 차별의 일반적 완화도 언감생심이 된다. 친여성적 개혁도 미흡할 것이라는 뜻이다.

그러므로 여성운동은 훨씬 급진적, 그러나 유물론적이 돼야 한다. 민주당과 긴밀하게 연계돼 있는 거의 자유주의적인 지도자들로는 해방을 향한 전망은 어림도 없다. 20세기 초 국제 여성의 날이 결정되던 때 수준의 투쟁성(반자본주의적 급진성)과 물질성(유물론)으로 돌아가야 한다.

2018년 불법 촬영 항의 운동

2018년을 달군 불법 촬영 항의 운동이 12월 22일 광화문에서 열린 6차 집회를 마지막으로 막을 내렸다. 집회 사흘 전, 주최 측인 '불편한 용기'는 이 집회 이후 시위를 "무기한 연기"한다며 그 이유를 다음과 같이 밝혔다. "지난 5월부터, 6차를 준비하고 있는 지금까지 진보·보수 진영 할 것 없이 남성 권력의 공격을 무차별적으로 받아왔"다. "이러한 상황에서 운영진은 여성이 말하는 여성 의제가 곡해되지 않고 진의를 전달하며 사회 변화를 이끌어 낼 수 있을지 의문이 들었[다.]" 시위 중단의 이유로 이 운동에 대한 반발('백래시')을 꼽은 것이다.

그러나 이 운동은 여러 반발에도 대중적 지지를 받았다. 3차 집회 뒤 언론과 친문 인사들의 마녀사냥이 있었지만 이 운동에 대한 지지는 더 늘어났다. 8월 4차 집회는 집회 장소를 혜화역에서 광화문으로 옮겨 정점을 찍었다.

6차 집회 구호문에 문재인 정부를 원색적으로 비난하는 구호가 있음이 미리 공개됐다. 그러자 여러 온라인 커뮤니티에서 이 집회를 비판하는 목소리가 커졌다. "대한민국 웹하드 대표이사(청와대 청와대)", "알탕 카르텔 문재인 때려쳐라" 같은 문구가 특히 반발을 낳았다. 불법 촬영 항의 집회 카페와 여성 이용자가 많은 온라인 카페들에서 6차 집회 구호가 "과격하다", "문재인 탄핵 요구가 들어가는 게 옳지 않다"는 등의 비판이 제기됐다.

"문재인 때려쳐라" 같은 구호는 6차 집회에 처음 나온 것이 아니었다. 그런데도 새삼 논쟁이 됐다. 이는 당시 (불법 촬영물 유포로 부를 축적한 위디스크와 파일노리의 실소유주) 양진호의 검·경 로비가 사실로 확인되면서, 정부에 대한 의혹이 커지기 시작했기 때문일 것이다.

'불편한 용기'가 웹하드 카르텔과 문재인 정부를 관련지은 것은 괜한 의심이 아니라 합리적 의혹이다. 양진호의 검찰과 경찰 로비 의혹이 사실로 확인됐을 뿐 아니라 웹하드 업체들의 협회인 DCNA의 전직 간부들이 민주당원으로 밝혀졌다. 민주당의 부패 전력은 새삼스러울 게 없다. 자본가계급에 기반을 둔 민주당이 부정부패에 연루된 일은 많을 수밖에 없다. 방송통신위원회(방통위)와 방송통신심의위원회(방심위)에 대해서도 의혹이 제기됐다. 웹하드 업체들이 불법 촬영물을 대거 유통시켰는데 그동안 거의 제재받지 않았기 때문이다. 게다가 방심위는 2018

년에 새로운 필터링 기술인 '불법 유통 촬영물 DNA 추출 시스템 개발' 사업을 불법 촬영물 유통을 방조한 것으로 의심받는 민간 필터링 업체에 맡겼다.

정부와 정치권, 웹하드 카르텔과의 관련성 의혹이 커지는데도 주류 언론은 대부분 이 문제를 다루기를 꺼렸다. 그래서 이 문제는 널리 알려지지 않았다. 역설적으로 의혹은 더 커질 수밖에 없었다.

그런데 주최 측은 6차 집회를 앞두고 웹하드 카르텔의 핵심으로 청와대를 정조준하는 구호를 내놓은 것이다.

이 운동은 4차 집회를 정점으로 동력이 떨어지기 시작했다(5차 집회는 수만 명 규모로 여전히 컸지만 4차에 비해 크게 줄어들었다). 주최 측은 경찰에 낸 집회 신고서에 6차 집회 규모를 5000명으로 적었다(5차 집회 때는 1만 5000명으로 신고했으며 실제 참가 규모는 신고 규모보다는 많았다).

이 운동의 동력이 떨어지기 시작한 것은 이 집회에 대한 반대 때문이라기보다는 단일 쟁점 운동의 한계와 관련 있는 듯하다. 불법 촬영·유포 범죄 처벌·단속이라는 단일 쟁점으로 7개월간 항의 운동을 했다. 단일 쟁점 운동은 어느 정도 성과를 거두면 급속도로 동력이 떨어진다. 지난 10월 6일 5차 집회를 앞두고 나는 다음과 같이 썼다.

이 운동은 어떤 계기를 얻으면 다시 성장할 수 있지만, 일반으로 단일 쟁점 운동(광범한 여성 차별에 대한 분노를 깔고 있지만 불법 촬영, 편파 수사라는 단일 쟁점의 항의 운동이다)은 지속 기간이 길지 않다. 대중의 분노와 싸울 자신감이 클 경우 단일 쟁점 운동은 매우 빠르게 타올랐다가도 어느 시점이 지나면 그 협소함과 정치적 전망 부재로 확장성의 한계에 봉착하게 된다. 특히, 지배자들이 그 운동을 시스템 안으로 흡수하기 위해 양보나 양보 제스처를 취하면 스멀스멀 동력이 분산되게 된다.[1]

2018년 5월 급부상한 이 운동은 한국 역사상 최초의 대중적이고 전투적인 여성운동이었다. 이 운동에 참가한 젊은 여성들의 활력과 투지는 놀라웠다. 많은 여성이 이 운동을 통해 자신감을 얻었다. 이 운동이 끝날 기미가 보이지 않자, 지배자들은 이 운동에 일부 양보를 하기 시작했다. 문재인 정부는 5차 집회 직후인 10월 17일 주최 측과 2차 간담회를 했고, 그 뒤 '몰카 제왕' 양진호와 웹하드 업체 임원들, 헤비 업로더 등을 구속했다. 그리고 국회는 11월 29일 불법 촬영·유포 범죄 처벌 강화 법안을 통과시켰다. 12월 18일부터 이 법이 시행되기 시작했다.

물론 이런 양보는 부족하다. 불법 촬영물로 이득을 취하는 자들의 수익을 몰수하는 등 더 강력한 처벌이 필요하다. 단일 쟁점 운동이 일정한 성과를 거두어도 그 뒤 쉽게 반격에 부딪힐 수 있다. 우리는 이 점을 염두에 둬야 한다.

5차 집회 때 이 운동의 동력이 떨어지는 조짐이 보였지만, '불편한 용기'는 이를 극복할 대안을 내놓지 못했다. '정치 배제'라는 아나키즘적 방침 때문에 운동이 직면한 도전을 적절히 다루지 못했다. 남성을 철저히 배제하는 주최 측의 분리주의 페미니즘도 운동의 전망을 열어젖힐 수가 없었다. 남성 비하적 표현들을 거리낌 없이 쓴 것은 여성 차별에 대한 반발의 표현으로 너그럽게 이해할 만했다. 그렇지만 모든 남성을 잠재적 성범죄자로 적대시하는 태도는 평범한 남성들의 반발을 사기 쉬웠다.

젊은 여성들이 이 운동에 대거 동참한 것은 워마드식 정치보다는 이 집회의 투쟁적·급진적 분위기 때문이다. '여성계' 지도자들과 달리, 입법부·사법부·행정부를 거침없이 비판한 게 분노한 젊은 여성들의 정서와 잘 맞았다. 정세가 좋고 참가자들의 자신감이 높을 때는 운동 주도자들의 정치적 약점에도 불구하고 투쟁이 한동안 성장할 수 있다. 그렇지만 운동이 일정 국면을 지나서 새로운 정치적 상황에 처하면 한계가 드러나는 법이다.

주최 측이 6차 집회를 앞두고 발표한 글을 보면, 여전히 기성 질서를 거침없이 비판한다. 그렇지만 "불법 촬영 범죄자 공범"으로 "한국 남성을 규탄한다." 만약 모든 남성이 성범죄자고 '여성 혐오'에 한통속이라고 생각하면, 앞으로 이 운동의 전망을 찾을 수 없게 된다. 모든 남성이 카르텔을 맺어 여성을 억누른다고 생각한다면, 여성해방은 물론 불법 촬영 근절이나 감소조차 가능하지 않을 것이다.

"문재인 때려쳐라"는 구호가 그냥 폭로에 그치지 않고 실질적 의미가 있으려면, 계급투쟁을 무시한 채 모든 남성을 도매금 취급하는 인식을 넘어서야 한다. 자본가들과 문재인 정부의 친기업 정책으로 피해를 입고 있는 노동계급 등 서민층 남성을 입법부·사법부·행정부의 권력자나 자본가와 동등한 '남성 권력'으로 치부할 수 없다. 24살에 비극적으로 삶을 마감한 발전 하청 노동자 김용균 씨를 과연 이 사회의 특권적 집단의 일원으로 간주할 수 있을까? 만약 노동계급 남성을 지배계급과 같은 특권적 집단으로 간주한다면 그들이 문재인 정부의 친기업적 정책과 사용자들에 반발해 싸우고 있다는 점을 놓치게 된다. 그러면, 차별받는 여성들이 힘을 합쳐 싸울 수 있는 동맹 세력을 못 보게 돼, 여성운동의 전진에 큰 약점이 된다.

이 운동의 성과를 밑거름 삼아 더 전진하려면 이 운동의 약점을 극복할 정치(물론 급진적·좌파적 정치)가 필요하다. 이 정치는 의회나 국가기구와의 협력을 뜻하는 게 아니라 아래로부터 투쟁을 고무하면서 운동의 저변을 확대하고, 나아가 해방의 전망을 보여 줄 수 있는 정치를 뜻한다. 여성해방과 노동계급의 해방을 연결하는 진정으로 급진적인 정치가 필요하다.

정치적 대안

자본주의 사회의 핵심 분단선은 성별이 아니라 계급이다. 물론 모든 여성이 차별을 받는다. 그렇지만 여성 차별의 경험은 계급에 따라 상당히 다르고 해결책도 달라진다. 노동계급 여성들은 최저임금이 인상되고 양질의 일자리가 늘어나고 공공 보육시설이 대폭 확대되기를 바라지만, 자본가계급과 상층 중간계급의 여성들은 최저임금을 삭감하고 비정규직을 늘리기를 원한다. 노동계급 여성들을 고용해서 양육 부담을 덜 수 있는 부유층 여성들은 공공 보육 시설 확충이 절실하지 않고 흔히 이것에 반대한다.

7개월 동안의 불법 촬영 항의 운동에 참가한 수십만 여성들은 대개 학생이거나 노동계급 여성(가령 커피 전문점 등에 근무하는)이었다. 여성 인구의 대다수가 노동력을 팔아야만 생계를 유지할 수 있는 임금노동자 집단이다. 불법 촬영 항의 운동이 보여 준 잠재력을 향후 발전시키려면, 일자리·임금·복지 등 노동계급 여성의 조건을 개선하는 요구들을 중심으로 한 여성운동이 발전해야 한다.

여성운동은 돈벌이에 혈안이 돼 수많은 김용균을 양산하는 기업주들과 국가의 정책에 항의하는 노동자 투쟁과도 연결돼야 한다. 이윤에 타격을 가할 수 있는 노동자들의 투쟁과 여성운동이 만날 때 여성운동은 큰 힘을 얻게 된다. 물론 소규모 알음알음 남녀 대립적 페미니스트만의 배타적 조직으로는 이런 대중운동을 건설하지 못할 것이다.

유아인과 페미니즘 논쟁

2017년 유명 배우 유아인 씨(이하 존칭 생략)가 한 트위터 사용자의 '냉장고 속 애호박' 글에 "애호박으로 맞아 봤음?(코 찡긋)"이란 댓글을 달았다. 그런데 일부 네티즌이 이를 "젠더 폭력", "여성 혐오"라고 비판하며 사과를 요구하면서 애호박 발언 논란은 페미니즘 논쟁으로 확대됐다. 유아인은 '메갈짓을 그만두라'며 SNS에서 공세적으로 논쟁을 벌였다.

메갈리아식 페미니즘에 아첨하기를 거부하다

일부 페미니스트들은 유아인의 '메갈짓' 비판에 발끈해 유아인의 페미니스트 선언을 비판했다. 그러나 유아인의 발언을 구체적 맥락에서 떼어 놓고 비판하는 것은 온당치 않다. 그가 과거에 여성 차별에 반대하는 발언을 공개적으로 한 적이 있음(연예인

지망생 한서희 씨가 유아인을 비꼬기 위해 모은 발언 2개가 SNS에 올라왔다)을 고려할 때 그의 페미니스트 선언을 '맨스플레인' 등으로 비웃을 수 없다.

〈경향신문〉 위근우 칼럼니스트는 "애호박 발언이 여성혐오적이라는 게 조금 과도할 수는 있"다고 인정했다.[1] 그럼에도 그는 악성 댓글로 인한 유아인의 피해는 무시한 채 그 반발로 나온 '메갈짓' 등과 같은 표현을 주로 문제 삼았다. 이런 비판은 불공정하고 사태의 본질을 흐린다. 비록 남성 페미니스트라면 여성들의 분노를 이해하려고 노력해야 한다는 취지가 담긴 듯하지만 말이다. 게다가 위근우는 "2015년 등장한 이후 사이트가 사라질 때까지 메갈리아에서 이룬 실천적 성취가 부정당한다"며 유아인의 이 발언이 부당하다고 비판했다. 그러나 이런 주장은 남녀 대립적 페미니즘의 난점을 무시하며 메갈리아를 낭만화하는 것이다.

물론 일부 사람들이 메갈리아를 "페미 나치", "여자 일베"라고 비판하는 것도 부당하다. 메갈리아 사이트에 가입한 사람들이나 이들을 응원한 사람들은 여성 차별을 반대한 사람들이고, 다수는 진보적 개혁을 지지했을 사람들이다.(비록 그 일부가 보수 성향이었지만 말이다. 박근혜 퇴진 운동 때 박근혜 지지 글이 상당수 올라온 워마드는 메갈리아에서 분열해 나간 쪽이다.)

그러나 메갈리아가 표방한 남녀 대립적 페미니즘은 진보 성향의 남성들조차 반발하게 만들 만큼 불필요한 분열을 조장하기도 했음을 무시해서는 안 된다. 메갈리아식 페미니즘에 대한 비판을 일베와 동일시하는 것은 '페미 나치' 표현만큼이나 비약이다.

많은 페미니스트가 남녀 대립적 페미니즘에 내재한 분열주의적 약점을 무시하며 메갈리아를 '페미니즘의 새 세대'로 치켜세웠지만, 바로 그런 약점 때문에 메갈리아는 1년도 못 돼서 내부 분열로 붕괴했다. 메갈리아 사이트 가입자들이 모두 동성애 혐오에 찬성한 것은 아니지만, '한남충' 같은 남성 비하 용어를 공공연히 사용하던 상황은 (남성 성소수자들을 '똥꼬충'으로 비하하는) 동성애 혐오적 주장에 취약해 쉽게 분열로 이어졌다.

계급을 무시하는 '남성 권력' 이론의 문제점

애초에 유아인의 애호박 발언이 '여성 혐오'로 비약한 데에는 계급 분리를 무시하고 모든 남성을 '권력자'로 보는 페미니즘 내 흔한 오해가 작용했다. 많은 페미니스트(온건 개혁파 성향의 페미니스트 NGO 지도자들도)는 지배계급이 아닌 남성들도 여성 차별을 만들어 내고 유지하는 특권층처럼 취급한다.

2016년 강남역 살인 사건 뒤 '여성 혐오'라는 말이 순식간에 다수 페미니스트 사이에 수용된 것도 이렇게 계급을 무시하며 성별로 환원하는 이론적 전통과 주관주의적 권력 개념과 연관 있다. 자유주의 포퓰리스트 언론과 심지어 일부 좌파까지 가세해 '여성 혐오'라는 말을 지나치게 느슨하게 사용하다 보니, 이 용어법은 많은 젊은 여성에게 어느덧 상식처럼 여겨지는 듯도 하다. 그러나 상이한 형태의 여성 차별을 뭉뚱그리는 용어법은 차별의 현실을 이해하는 데는 별로 도움이 되지 않을뿐더러, 남성 개개인에 대한 도덕주의적 매도를 강화하고, 노동계급과 평범한 사람들 사이에서 불필요한 갈등을 자아내는 역효과를 내고 있다. 이 과정에서 착취와 차별을 구조화하는 핵심 세력이 자본주의 체제와 그 수혜자인 지배계급이라는 사실이 가려진다. 계급 차이를 흐리는 용어법은 체제의 상층부 진출을 희망하는 중간계급 여성들에게는 편리할지 몰라도, 집단적으로 투쟁할 때 실질적 성과를 낼 수 있는 노동계급 여성들에게는 도리어 해롭다. 여러 분열을 자아낸 '미러링'에 대해 무비판적인 태도는 극복돼야 하고, 불필요한 갈등을 자아내는 용어도 사용하지 않는 게 여성운동의 발전에 이롭다.

2016~2017년 박근혜 퇴진 투쟁에는 여성들이 대거 참가했고 이것은 많은 여성에게 자신감을 줬다. 낙태죄 폐지 청원에 한 달 만에 23만 명이 동참한 것은 이 점을 보여 준다. 여성은 여전히 지독히 많은 차별을 겪지만 단지 피해자이기만 한 것은 아니다. 노동계급 여성들은 자신이 받는 차별이나 삶의 조건 악화에 맞서 집단적으로 투쟁할 잠재력이 있다. 여성해방을 지지하는 사

람들은 여성들이 온라인상에서 소모적 논쟁을 벌이는 데 머물기보다 자신들의 조건 개선을 위해 집단적으로 투쟁하는 것을 고무해야 한다.

정체성 정치가 아니라 사회주의적 정치가 필요하다

여성들은 스스로 투쟁할 수 있지만, 차별받는 다른 집단들의 투쟁과 연결될수록 더욱 효과적이다. 특히, 이윤에 타격을 가할 수 있는 노동계급의 투쟁과 연결될수록 여성운동은 성공 가능성이 커진다. 이 점에서 트랜스젠더 배척 발언으로 하리수 씨와 논쟁을 벌인 한서희 씨(이하 존칭 생략)처럼 차별적이고 편협한 태도는 여성운동의 발전에 걸림돌이다.[2]

유아인은 한 네티즌에게 "여성이니까 여성 인권에만 힘쓴다는 말은 남성들에게 남성이니까 남성 인권에만 힘쓰라는 말과 같다"고 주장했다. 이 주장이 여성만이 여성 차별을 이해할 수 있고 남성은 여성 차별에 맞서 함께 싸울 수 없다는 생각을 비판하는 것이라면 옳은 지적이다.

한서희는 유아인의 이 발언을 두고 "흑인에게 백인 인권을 존중하는 흑인 인권 운동을 하라는 것"이냐며 "여성이니까 여성 인권에만 힘"쓰는 게 당연하다고 비꼬았다. 그러나 차별에 맞선 투쟁이 꼭 특정 정체성을 중심으로 일어나는 게 자연스럽다는 것은 경험주의적 생각에 불과하다. 특정 차별을 겪는 사람들끼리 싸우는 경우도 더러 있지만, 역사를 보면 훨씬 더 흔한 경우에는 성별·인종 등을 뛰어넘어 노동계급 사람들이 단결해서 싸웠다.

노동계급이 모두 단일한 차별을 겪지는 않고 때때로 분열하기도 하지만, 계급의식이 있는 노동자들은 흔히 분열보다 단결이 효과적임을 안다. 물론 계급의식은 불균등하다. 지배자들이 노동계급을 분열시키고자 여러 차별을 끊임없이 부추기므로, 노동계급이 내부적 차이를 극복하고 하나의 계급으로 단결할 수 있도록 사회주의자는 투쟁해야 한다.

물론 노동계급 내에도 불평등이 존재한다. 그러나 상당수 노동계급 남성이 성차별적 인식을 어느 정도 품고 있을지언정 그 정도는 불균등하고, 무엇보다 노동계급 남성이 여성 차별적 사회 구조와 성차별 이데올로기를 만들어 내지는 않으며 그로부터 이익을 얻지도 않는다. 사회의 계급 구조와 이를 떠받치는 국가, 친자본주의 언론 등 지배계급이 여성 차별을 지탱하는 핵심 세력이다.

착취받는 집단으로서 공통된 조건과, 자본가들과 맺는 구조적 관계 덕분에 노동계급은 다양한 차별에 맞서 단결할 잠재력이 있다. 노동계급 여성들이 노동·생활 조건을 개선하고 나아가 해방을 성취하려면 특히 노동계급 남성들과 단결해 싸워야 한다. 많은 노동계급 남성은 여성이 투쟁할 때 기꺼이 연대했다. 따라서 남성을 '혐오자'로 간주하는 인식과 용어법을 버리고 단결을 진지하게 추구해야 한다.

러시아 혁명 등 역사적 경험은 노동계급 여성의 해방이 노동계급 남성과 성소수자, 이주민 등 다른 차별받는 사람들의 해방과 분리될 수 없음을 보여 준다. 정체성 정치가 아니라 사회주의적 정치가 차별받는 사람들과 노동계급 모두에게 필요하다.

3장
정체성 정치와 국가

여성운동 지도자들과 자본주의 국가의 밀접한 관계

여성 단체 지도자들은 여성 전체를 대표한다고 자처함으로써, 여성 할당제를 통해 국회의원 선거나 지방자치단체 선거에서 비례대표 자리를 확보해 왔고, 자유주의 포퓰리스트 정부에 각료로 입각해 왔다. 여연의 상임대표를 지내면 김대중-노무현 정당의 비례대표 의원은 따놓은 당상이라는 말도 있었다. 여연 출신 권력층 인사들의 면모를 한번 살펴보자.

여성운동은 거의 다 시민 단체, 즉 NGO로 조직돼 있고, 여성 NGO의 핵심 지도자들은 김대중-노무현 정당에 통합돼 왔을 뿐 아니라 이를 통해 자본주의적 국가로 포섭돼 왔다.

남녀 대립적 페미니스트들인 메갈리아조차 결성 몇 개월 뒤인 2015년 연말 민주당 진선미 의원을 공식 후원하기로 해, 249명이 후원에 참여했고 후원금액만 1200만 원이 넘었다. 이듬해인 2016년 초에는 총선을 앞두고 진선미 의원 공식 지지를 선언

표 1. 여성 단체 지도자 출신 권력층

이름	여성 단체 경력
정현백 전 여성가족부 장관(2017~2018)	여연 공동대표(2002~2007)
남(윤)인순 현 민주당 국회의원, 전 민주당 최고위원	여연 상임대표(2005~2011)
권미혁 전 민주당 의원(2016~2020), 전 민주당 원내 부대표	여연 상임대표(2011~2013), 시민사회단체연대회의 공동대표(2008~2014), 여성민우회 대표(2005~2011)
정춘숙 현 민주당 의원	여성의전화 상임대표(2009~2015), 여연 여성인권위원장(2010~2012)
이우정 전 민주당 의원(1992~1996)	여연 창립자이자 1대 대표(1987~1989), 1970년대 노동운동과 민주화운동에 참여한 신학자, '평화를 만드는 여성회' 이사장(2000~2002)
이미경 전 민주당 최고위원이자 5선 의원, 문재인 대선 후보 캠프 공동선대본부장	여연 공동대표(1993~1995), 여성민우회 부회장
한명숙 전 국무총리(2006~2007), 3선 의원, 초대 여성부 장관, 환경부 장관	여연 공동대표(1993~1995)
지은희 2대 여성부 장관(2003~2005)	여연 공동대표(1996~2001)
이경숙 전 열린우리당 의원(2004~2008)	여연 공동대표(1999~2001)
박선숙 전 민주당·국민의당·바른미래당·민생당 의원, 김대중 대통령 대변인	여연 정책위원(1989~1992)
김삼화 전 국민의당·바른미래당 의원, 현 국민의힘 서울 중랑갑당협위원장	한국성폭력상담소 이사장(2000~2006)

했다. 진선미 의원은 페미니스트로, 〈여성신문〉 자문위원이었고, 2004~2006년 민변 여성인권위원장이었고, 민주당 원내수석부대표를 지내다가 이후 여가부 장관이 된다.

가장 최근에 등장한 페미니스트들과 국가의 관계

2016년 총선 결과를 유리한 쪽으로 제대로 이해한 것은 좌파보다는 페미니스트 진영이었다. 사기가 오른 페미니스트들은 강남역 살인 사건을 자기네에 유리하게 아전인수 해, 페미니즘 지지의 동력으로 활용했다. 그들은 조현병 환자에 의한 '묻지마 살인' 사건을 '여성 혐오 살인' 사건으로 둔갑시켰다. "여자라 살해당했다", "남성은 모두 잠재적 가해자"라는 구호가 분리주의를 드러냈다.

그 시기에 메갈리아가 페미니스트 진영의 선봉에 섰다. 그러자 진중권, 정희진 등 비판적 친민주당계 지식인들과 〈한겨레〉, 〈경향신문〉 등 친민주당계 언론들이 메갈리아를 공개 옹호했다.

그해 9월 한국여성재단은 대규모 컨퍼런스를 열어, 페미니스트 진영 전체를 결속하는 행사로 삼았다. 컨퍼런스의 개회사를 한 당시 여성재단 이사장은 이혜경 씨로, 여성민우회 이사 출신이고, 2013년 박원순 서울시장으로부터 서울시 여성상 대상을 받았다. 이혜경 씨는 미래포럼 이사장이기도 한데, 미래포럼의

창립자는 고 박영숙 전 민주당 최고위원이었다. 여성재단은 글로벌 금융 기업 JP모건과 함께 '다문화 여성 경제적 자립 지원' 사업을 해 왔다. 또한 화장품 대기업 아모레퍼시픽과도 공간 문화 개선 사업을 공동으로 해 왔다. 컨퍼런스의 폐회사는 이미경 한국성폭력상담소장이 했는데 (앞서 언급한 이미경 전 민주당 의원과는 동명이인인) 그는 2017년 삼성행복대상을 수상했다. 삼성행복대상은 삼성이 주최하고 여가부가 후원하는 상이다.

이처럼, 전체적으로 페미니스트 진영은 자본가계급의 자유주의 정치인들과의 유착은 물론이거니와, 부르주아 국가나 자본주의 대기업과의 밀접한 관계에 대한 문제의식이 결여된 듯하다.

워마드 문제

한편 2016년 1월 워마드가 새로 결성됐다. 사실 이들은 2015년 여름에 탄생한 메갈리아 내에서 분파로 존재해 왔었다. 분파와 중심부 사이의 핵심 쟁점은 남성 성소수자에 대한 태도 문제였다. 워마드로 발전하는 분파가 남성 성소수자에게 적대적인 입장이었고 더 강경한 분리주의자들이었다. 그러나 워마드가 더 빨리 성장하면서 기존 메갈리아 지지자들을 많이 흡수했다.

워마드는 기존 여성운동 바깥에서 일어나는 새로운 여성운동에 관여하는 데 성공했다. 그들은 과거의 영페미들과 달리, 대규모 대중운동이 분출하는 데 일조했다. '불편한 용기'와 비웨이브라는 네트워크를 형성해 그랬는데, 특히 '불편한 용기'는 수만 명이 참가한 불법 촬영 반대 대중 집회를 열 수 있었다. 한국 여성운동 사상 최대 규모 시위였다.

비웨이브 측은 거침없이 문재인 정부를 신랄하게 비난했다. "낙태죄 폐지 국민 청원 이십만이 우스웠냐", "앞에서는 웅웅 알았어요! 뒤에서는 통수 치냐", "달님 믿지? 지랄 마라 표리부동 작작 해라", "야 문재인 못 믿을 새끼, 야 박능후 여성을 위해서는 하는 것 없지만 낙태 하나는 집요한 새끼" 등등. 이런 비웨이브 측의 에토스(태도와 정신, 기풍 등)는 '운동권 배제' 등 유사 아나키즘적 경향을 나타내며 국가 및 자유주의적 여성 지도자들이 이끄는 기존 여성운동과 미묘한 긴장을 빚었다.

때마침 문재인 정부의 인기는 하락하고 있었다. 이 상황은 정부에 친화적인 기성 페미니스트 진영에 난점을 안겨 줬다. 지난 25년 동안에는 이 상황에 도전하는 반대파가 없었다. 그러나 이제는 워마드와 그 협력자들이 그런 반대파로 등장하고 있었다. 개혁주의적 페미니스트들에 대한 반대 세력이니만큼 아나키즘과 비슷한 에토스를 드러내고 있었다. 또한 이론의 빈곤과 전통의 부재 때문에 정치적으로 모호해서 심지어 박근혜에게 우호적인 경향마저 스며들 여지가 있었다.

더구나 아나키즘은 개혁주의와 연계될 때 기회주의적 태도를 취한 역사적 선례가 풍부하다. 가령 '불편한 용기' 측은 기성 언론의 마녀사냥에 직면해 워마드와의 관련성을 공개 부인했다.

역사적으로 워마드류의 페미니스트들을 '분리주의자들'이라고 불렀다. 여기서 '분리주의'는 '남자 반대'라는 뜻이다. 옛 소련 블록 붕괴 이후 지금까지 우리나라에서 서너 차례 등장한 급진적 페미니스트들은 크게 좌파적 페미니스트들과 분리주의 페미니스트들로 분화되는 경향이 있었다. 그러나 두 부류 모두 파편화를 면치 못했고, 그 결과 급진적 페미니스트 개개인은 학계로 가거나, 아니면 생각이 비슷한 사람들끼리 소그룹 활동을 이어 가거나, 아니면 조직이 해산함에 따라 페미니즘적 활동을 일절 그만두는 것으로 나아갔다. 자본주의 시스템에 도전하지 않고서는 급진성은커녕 때때로 진보성도 유지하기가 어렵기 때문이다. 그래서 적잖은 급진주의자들이 부르주아 페미니즘, 즉 고등교육 받은 중간계급 여성들을 기반으로 친자본주의적 여성 개혁가들이 하는 운동 쪽으로 포섭됐다. 워마드는 대규모 대중운동의 등에 올라탔기 때문에, 좀 더 다양하게 분화할 것 같다.

지지와 비판

혁명적 사회주의자들은 페미니즘을 지지한다. 페미니즘이 성평등을 추구하는 운동 일반을 가리키는 한에는 말이다. 그렇지만 페미니즘이 젠더 이분법적 세계관에 기초한 이론과 이데올로기를 뜻한다면, 계급과 계급 간 투쟁, 노동계급 투쟁을 중심에 놓는 고전적 마르크스주의 편에서는 논쟁이 불가피하다. 따라서 혁명가들이 페미니즘에 접근하는 방식을 요약한다면 비판적 지지라고 할 수 있겠다. 그 운동은 지지하고 그 이론과 사상은 비판하는 것 말이다.

물론 여기에는 긴장이 따르고, 구체적 맥락을 고려한 균형이 필요하다. 요즘처럼 광범한 여성이 차별과 천대에 저항하고자 하는 의지를 분명하고 때로 극적으로 드러내는 시기에는 지지가 압도적 출발점이어야 할 것이다. 특히, 한국 역사상 최대 규모 여성들이 동원된 불법 촬영 반대 시위는 말할 것도 없고, 노동계급 쟁점이라고 재규정돼야 하는 임신중단권 운동 등이 그러하다.

젠더 거버넌스의 모순과 난점

문재인 정부 때 정부에 친화적인 주류 여성 단체들과 여러 페미니스트들은 대통령 직속 성평등위원회 설치와 그 권한 강화를 요구하며 여기에 상당한 기대를 걸었다. 이들은 성평등위원회를 자신들의 오랜 전략인 '성(젠더) 주류화 전략'과 '젠더 거버넌스'를 강화할 수단으로 여겼다.

성 주류화 전략은 정부 정책이 각 성별에 미치는 영향을 분석하고, 차별의 실태를 파악하기 위해 성별을 구분해 통계를 작성하고, 국가 예산이 평등하게 배분되도록 한다는 것이다.

주류 페미니스트들은 '젠더 감수성'이 없는 기존 국가 관료들이 이를 잘할 수 없으므로 자신들이 국가기구에 들어가 성 주류화 정책을 실행하고 이끄는 것이 가장 실효성 있는 방법이라고 여긴다. 이미 김대중-노무현 정부하에서 여연 대표 출신 상당수가 장관과 민주당 비례대표 의원으로 공직에 진출했다. 주류 여성 단체들은 단체 간부들이 직접 입각하는 것 외에도 국가기구 내 여러 부처나 위원회에 들어가거나 다른 국가 관료들과 긴밀히 협력하며 국가의 여성 정책 입안과 실행, 평가 등을 대행해 주고 국가의 지원금을 받는 방식으로 활동해 왔다(젠더 거버넌스).

그런데 이명박-박근혜 정부 동안 젠더 거버넌스는 진보적 여성 단체들의 바람에 미치지 못했다. 여성 정책 담당 부서인 여가부의 위상이 약화됐고, 여성 정책은 주로 '저출산' 완화를 위한 가족 정책의 일환으로 격하됐다. 심지어 그 수장은 조윤선이나 김희정처럼 성 평등에는 관심 없고 박근혜(와 최순실)에 줄을 대 장관 자리를 얻은 자들이었다. 진보적 여성 단체들의 목소리가 국가 정책에 반영될 수 있는 통로도 민주당 정부 때에 비해 좁아졌다. 마침내 주류 여성 단체들에 친화적인 문재인 정부가 들어서고 여연 대표 출신의 진보적 여성학자 정현백이 여가부 장관이 되자, 주류 페미니스트들은 성 주류화와 젠더 거버넌스 전략이 다시 잘 추진될 수 있는 기회라고 봤다.

그러나 페미니스트들이 자본주의 국가기구에 들어가 국가기구를 이용해 성 평등을 이룬다는 전략은 이미 세계적으로 심각한 모순과 난점을 드러냈다. 한국의 여성운동에서도 노무현 정부 시절인 2000년대 중엽에 '여성운동의 제도화'에 대한 우려와 비판이 높아지면서 젠더 거버넌스에 비판적인 평가가 상당히 이뤄졌다.

한국의 주요 여성 단체들이 국가기구 진입 전략을 추구해 온 지 20년이 넘었고, 성 주류화 관련 법과 제도도 이미 마련된 상태다. 특히, 김대중-노무현 정부 10년은 주류 여성 단체들에게 젠더 거버넌스의 전성기로 성 주류화가 실현되는 과정이었다. 시민 단체 출신의 페미니스트 장관들이 발탁되고 여성 각료의 비율도 높아졌다. 여성 정책 입안에서 여성 단체들의 영향력이 커졌고, 성 평등을 위한 여러 법과 제도도 제정됐다. 성 평등 담론이 확산하는 등 점진적 변화가 시작된 것 같아 보였다.

그러나 경제 위기 속에서 김대중-노무현 정부는 우파와 다름없는 신자유주의 정책을 추구했고, 이는 전체 노동자의 생활 조건을 악화시켰다. 그래서 성 주류화 전략과 젠더 거버넌스의 전성기에 오히려 노동계급 여성의 조건은 악화되는 모순이 생겨났다. 여성 비정규직이 증가했고, 성별 임금격차가 좁혀지던 추세도 정체됐으며, 보육 서비스는 시장화된 방식으로 늘어나 여성 노동자들이 이중의 굴레를 져야 하는 현실은 바뀌지 않았다.

젠더 거버넌스는 성 평등을 확대할 것이라는 기대와 달리, 오히려 여성운동을 함정에 빠뜨렸다. 입각한 여성운동가들은 국가기구를 책임 있게 운영해야 한다는 논리의 포로가 됐다. 여성 차별을 개선하는 데 소극적이거나, 최악의 경우 신자유주의 정책에 협력하며 배신적 태도를 보였다. 2006년 KTX 여성 승무원 노동자들은 최초의 여성 국무총리이자 여연 대표 출신인 한명

숙에게 문제 해결을 호소하러 갔다가 경찰에 전원 연행됐다. 이 일은 젠더 거버넌스의 난점을 단적으로 보여 주는 사례였다. 페미니스트 관료에 대한 지지와 지원에 힘 쏟던 여성운동가들은 노무현 정부의 개혁 배신과 우경화 속에서 혼란과 낙담을 겪었다. 김대중-노무현 정부 때 정부의 여성 정책 입안·실행에 참여한 여성 단체들은 민주당 정부가 신자유주의 정책을 추진하며 복지를 삭감하고 여성 노동자들에게 고통을 전가할 때 침묵하거나 의도치 않게 그 정부를 정당화하는 구실을 했다.

이 시기의 경험은 성 주류화 전략의 주된 수단인 성 인지 예산의 근본적 한계도 보여 줬다. 성 인지 예산은 이미 주어진 예산의 범위 내에서 '평등'을 추구할 뿐이지, 국가의 복지 예산 자체가 축소되거나 시장 논리를 강화하는 방향 자체를 건드리는 것은 아니었다.

여성 단체들의 젠더 거버넌스 전략은 주류 여성운동 지도자들의 국가 관료화, 여성운동의 온건화를 강화했다. 한 여성학자는 다음과 같이 지적했다.

> 거버넌스에 참여하는 과정에서 NGO는 기존 제도의 규칙에 따라야 하므로, 그들이 대변하고자 하는 대중으로부터 멀어질 수 있으며 정부의 지원을 받기 때문에 여타 정책들에 대한 비판의 목소리를 높이지 못할 수 있다. 자신의 존재 근거로부터 유리된 채 포섭

되거나 사회운동 본연의 임무인 비판과 대안의 모색이 아니라 서비스 제공이나 단일 사안 중심의 개혁에 헌신하게 될 수 있다는 것이다.[1]

진보적 여성 단체들이 자본주의 국가기구를 활용할 수 있다고 보며 국가 관료나 부르주아 정치인과 협력하다 보니 갈수록 노동계급 여성들의 관심사와 멀어지게 됐다. 국가가 노동계급 여성들의 조건을 후퇴시켜도 투쟁을 건설하기보다 회피하거나 미온적 대응에 그쳤다. 여성 단체들도 이런 경험을 돌아보며 여성운동의 제도화와 성 주류화 전략의 난점을 자성적으로 평가하고 몇몇 개선책을 내놓기도 했다.

그렇지만 자본주의 국가를 성 평등의 핵심 지렛대로 삼으려는 전략을 근본적으로 돌아보지 않으면 성 주류화 전략과 젠더 거버넌스가 낳은 문제점을 반복할 수밖에 없을 것이다. 이런 점에서 주류 여성 단체들이 문재인 정부 아래에서 또다시 젠더 거버넌스에 적극적으로 나선 것은 우려스러웠다.

문재인 정부와 젠더 거버넌스

물론 문재인 정부가 부르주아 개혁주의 정부이므로 페미니스트들의 관심사가 국가 정책에 반영될 여지가 우파 정부 때보다는 더 클 터였다. 특히 여성 단체들이 중시하는 '여성 대표성 제고' 영역에서는 상당한 진전이 있을 수 있었다. 문재인 정부는 역대 정부 중 초기 내각의 여성 장관(급) 비중이 가장 높았다(6명, 31.6퍼센트). 장차 남녀 동수 내각을 만들고 고위급에 여성 비중을 늘리겠다고 했다.

사회의 상층부로 갈수록 여성의 비율이 급격히 낮아지는 것은 구조적 성차별의 결과이므로 여성 대표성 제고를 위한 정책들은 필요하다. 그렇지만 자본주의는 계급사회이므로 사회 상층부에 여성이 더 많이 편입된다 해서 대다수 여성의 삶이 실질적으로 향상되는 게 보장되지는 않는다. 노동계급 여성들이 겪는 체계적 차별을 실질적으로 개선하려면 양육, 양질의 일자리, 복지 확대 등에 국가가 사회의 부를 대폭 투자해야 한다.

그러나 지속되는 경제 위기와 심화하는 지정학적 위기 속에서 문재인 정부는 매우 불충분하고 미온적인 개혁만을 제공하거나 심지어 노동계급에 대한 전반적 공격의 일부로 여성 노동자들의 조건도 공격할 공산이 컸다. 특히, 고질적 남녀 임금격차는 성차별의 가장 뚜렷한 증거이자 여성운동의 가장 중요한 과제 중 하나다. 그러나 문재인 정부의 공약과 정책에서 이 부분은 사실상 비어 있다시피 했다. 정부가 2017년 10월 발표한 '일자리 정책 5년 로드맵'에는 기업의 임금격차 개선 계획 제출 의무를 신설하는 정도만이 새롭게 언급됐다. 그러나 남녀고용평등법도 무시하는 기업들이 자기들이 제출한 계획은 지킬까? 무엇보다 문재인 정부는 성별 임금격차 해소에 실질적 효과가 있는 비정규직 정규직화, 최저임금 대폭 인상, 질 좋은 여성 일자리 창출 등에서 기대를 무너뜨렸다.

주류 여성 단체들이 2019년 6월 트럼프 방한 때 규탄 입장조차 내지 않은 것은 젠더 거버넌스의 모순을 드러냈다. 여성 단체들이 역겨운 성차별주의자인 트럼프에 반대하는 활동과 거리를 둔 것은 트럼프를 초청한 문재인 정부를 의식했기 때문일 것이다. 이는 페미니스트들이 문재인 정부와 젠더 거버넌스를 추구하는 것이 더 큰 모순에 직면할 것임을 보여 줬다. 특히 한·미·일 동맹 정책의 수장이 여성인 강경화 외교부 장관이라는 점은 그 모순을 더 두드러지게 했다. 주류 여성 단체들과 많은 여성주의 학자들은 강경화 장관이 여성이라는 이유로 진보라면 도저히 방어하기 어려운 부패까지 감싸며 강경화를 옹호했다. 이제 그들은 이런 태도를 반성적으로 돌아봐야 한다. 강경화 전 장관의 사례는 성별보다는 계급이 핵심임을 잘 보여 준다. 여성이 국가 요직을 맡더라도 한반도 평화나 일본군 '위안부' 할머니들을 위한 정의가 자동으로 보장되는 것은 아니다. 문재인 정부는 사드 배치에 반대하는 소성리 할머니들을 내쳤다. 한일 '위안부' 합의는 문재인 정부 아래에서도 파기되지 않았다.

여연 대표를 역임한 정현백 여가부 장관은 2017년 10월 취임

100일 인터뷰에서 "운동 시절의 이상주의적 입장, 당파성을 현실 정치에 관철할 순 없다"고 했다.[2] 개혁을 시작해 보기도 전에 운동의 요구와 선을 그은 것이다. 정현백 장관과 여성 단체들은 여성 비하로 악명 높은 탁현민 청와대 행정관을 경질하라고 옳게 요구했지만, 인사권자인 문재인 대통령은 이를 무시했다.

문재인은 '페미니스트'를 자처했지만 '성 평등'은 대개 말뿐이었다. 집권 1년 만에 많은 여성이 항의하고 나선 것은 이 때문이었다. 문재인 정부는 낙태죄도 유지하려 했다가 반발에 부딪히고서야 중단했다. 민주당이 국회 다수당이었지만 차별금지법도 끝내 통과시키지 않았다. 문재인 정부 아래에서 그나마 일부 개혁(디지털 성범죄 피해자 지원 확대 등)이 이뤄진 것은 아래로부터 대중운동(불법 촬영 항의 운동)이 분출한 덕분이었다.

문재인 정부와 민주당은 우파 정당과 달리 여성 단체 지도자들과 협력 관계를 맺어 왔지만, 노골적 친자본주의 성격 때문에 결코 여성 차별을 끝낼 수 없었다. 이윤을 우선시하기에 개별 가족에 양육과 간병 등 돌봄 부담을 떠넘기고, 착취율을 높이고자 사용자들의 여성 차별을 용인했다.

신지예의 윤석열 캠프 합류 소동과 페미니즘의 모순

새 세대 페미니스트로 유명한 신지예 씨가 2021년 12월 20일 당시 윤석열 국민의힘 대선 후보의 직속기구인 새시대준비위원회의 수석부위원장으로 합류했다가 2주 만에 사퇴했다. 이준석 등 국민의힘 내부의 강한 반발 때문이었다.

당시 윤석열의 지지율이 하락하더니 민주당 이재명에게 뒤져서 30퍼센트 중후반대였던 지지율이 20퍼센트 후반대까지 급락했다. 이 때문에 당의 분열이 가속돼 선대위가 전면 개편되는 가운데 신지예가 밀려났다. 신지예는 수석부위원장직을 사퇴하면서도 새시대준비위원회에는 남아 윤석열 당선을 위해 활동할 의사가 있었지만, 국민의힘은 신지예가 새시대준비위원회에서도 활동하지 않는 것으로 결정했다. 신지예 영입을 주도한 김한길 국민의힘 새시대준비위원회 위원장도 사퇴했다.

윤석열과 이준석이 2022년 1월 5일 다시 화해하면서 국민의힘의 분열은 또 봉합됐다. 이틀 뒤, 윤석열은 "여성가족부 폐지" 일곱 글자를 자기 페이스북에 올리며 다시 성차별을 부추겼다. 윤석열은 이미 당 경선 과정에서 여가부 개편 공약을 내놨었다. 여성 차별의 현실을 무시하며 보수적 여성 공약을 내놓았던 윤석열이 신지예를 끌어들인 것은 선거상의 책략이었다. 새 세대 페미니스트로서 상징성이 큰 신지예를 전격 영입해 자신의 강경 우파 본질을 흐리고 지지가 약한 2030 여성 표를 늘리려는 계산이었다. 페미니즘을 이용해 이재명을 공격하려는 의도도 있었다. 당 대표 이준석의 반대를 무시하며 경기대 범죄심리학과 이수정 교수(민주당과 주류 페미니스트들과 협력해 온)를 영입한 것도 같은 목적이었다.

국민의힘은 신지예 영입 때문에 윤석열의 지지율이 떨어졌다고 말했지만, 신지예가 당시 윤석열의 청년층 지지율 하락의 요인이라고 보기는 어렵다. 신지예 영입 전부터 청년층에서 윤석열 지지는 이미 떨어지고 있었다. 윤석열의 지지율 하락은 그의 우익 본색이 거듭 드러난 결과다. 윤석열의 지지율이 떨어지는 동안 안철수의 지지율이 오른 것이 이 점을 방증한다. 특히, 대구·경북 당원 연설 등에서 강경 우파 본색을 노골적으로 드러내서 중도층 성향 청년들이 대거 이탈했다. 신지예가 윤석열 선거 캠프에 합류한 뒤 윤석열의 변화 가능성을 말하며 우파 본질을 흐

렸지만, 윤석열이 우익 본색을 드러내서 신지예의 노력을 쓸모없게 만들고 있었던 것이다.

페미니즘 사상의 모순

새시대준비위원회 수석부위원장직 사퇴 후 신지예는 자신의 합류에 대해 국민의힘 내부의 반대를 예상했지만 이 정도일 줄은 몰랐다고 말했다. 윤석열이 이준석의 반대를 무시하고 이수정에게 국민의힘 공동선거대책위원장을 맡긴 것을 보며 자신도 윤석열 캠프에 안착할 수 있으리라 여겼던 듯하다.

신지예가 윤석열 선거 캠프로 간 것은 페미니즘 지지자들에게 큰 충격을 줬다. 국민의힘이 성차별을 공공연하게 옹호하는 우파 정당이고, 2021년 6월 이준석이 당 대표가 된 뒤 이준석, 하태경, 윤석열 등이 페미니즘을 거듭 공격해 왔기 때문이다. 더욱이 신지예는 윤석열 캠프 합류 몇 주 전까지만 해도 국민의힘을 강하게 비판했다. 2021년에 이준석과 페미니즘 문제로 공개 논쟁을 여러 차례 벌였고, 그해 7월에는 국민의힘 대선 주자들이 여가부 폐지 공약을 내걸자 국민의힘 당사 앞에서 규탄 기자회견을 열어 항의하기도 했다.

신지예는 2016년부터 총 4번의 선거에 출마했는데, 2018년 서울시장 선거를 통해 새 세대 페미니스트 정치인으로 순식간에 떠올랐다. 당시 그는 녹색당 후보로 "페미니스트 서울시장"을 표방하며 8만여 표를 얻어 4위를 차지했다(김종민 정의당 서울시장 후보보다 1200표를 더 얻었다). 이런 선전은 페미니즘이 부흥하는 가운데 그해 불법 촬영 항의 시위라는 초유의 대규모 여성운동이 벌어지고 있던 상황 덕분이었다. 신지예는 선거에서 낙태죄 폐지, 낙태약 보건소 비치 등 급진적 공약을 내걸었고, 당시 등장한 그 시위를 적극 지지했다.

국민의힘에 반대했던 신지예가 그 당의 대선 후보인 윤석열 쪽으로 간 것은 페미니즘 사상의 모순을 보여 준다. 신지예가 페미니즘을 대표한다고는 할 수 없어도, 신지예의 행보가 순전한 개인적 일탈은 아니다.

많은 페미니스트들이 신지예의 행보에 비판적이지만, 젠더 이분법적 세계관을 공유하며 자본주의 사회에서 계급 모순이 핵심적이라는 점을 부정하고 젠더 차이를 중심에 놓고 사회를 본다.

페미니즘은 여성 차별에 반대한다는 점이 분명하지만, 여성 차별과 계급 관계를 분리하기에 흔히 정치적으로 모호하다. 페미니즘은 정치를 배격하는 아나키즘부터 민주당 같은 자유주의 정당, 온건 좌파, 급진 좌파까지 두루 수용될 수 있다. 우파는 본질적으로 성 평등에 냉소적이지만, 페미니즘의 모호함 때문에 우파가 페미니즘의 언사를 사용하거나 주요 인물을 영입해 성 평등을 공격하는 데 사용할 수 있는 여지도 생겨난다.

신지예 사건은 한국에서도 우파가 페미니스트를 포섭해 자신의 목적에 맞게 이용하려 들 수 있음을 보여 준다. 서구에서는 1970년대 이후 페미니즘이 대중화하자 우파 일부에서도 선거에서 여성 유권자들의 표를 얻으려고 페미니즘의 주장을 일부 차용하기 시작했고, 페미니스트를 자처하는 우파 정치인들이 등장했다.

페미니즘에 대한 태도는 우파들 사이에서 차이가 있는데, 일부는 페미니즘에 완강히 반대한다. 우파 정당의 일부 정치인들이 페미니즘의 언사를 사용하지만, 같은 당에서 안티 페미니즘 입장도 강하게 존재한다. 기본적으로 보수적 가족 가치관을 강조하는 우파 사상과 성 평등을 지지하는 입장 사이에는 모순이 존재한다. 그래서 페미니스트는 우파와 만나기도 하지만 대체로는 자유주의 정당이나 사회민주주의 정당 쪽으로 가는 경우가 더 많다. 한국에서는 공식 정치권으로 간 페미니스트의 대부분이 민주당 쪽으로 갔다.

신지예가 추구한 전략은 여성운동의 주류가 추진해 온 전략과 기본적으로 동일하다. 주류 여성 단체들과 마찬가지로 '성 주류화' 전략, 즉 자본주의 국가기구에 진입해 페미니즘을 실현한다는 전략을 추구해 왔다. 그래서 기층 운동 건설보다 선거 출마와 공직 진출을 중시해 왔다. 이런 주류화 전략은 '여성 정치 세력화'로 불려 왔다.

신지예의 정치적 행보에는 이수정의 영향이 컸을 것이다. 2021년 4월 서울시장 보궐선거에 신지예가 무소속 서울시장 후보로 나섰을 때 이수정은 후원위원으로 신지예를 지원했다. 신지예는 그해 11월 말 이수정의 국민의힘 선대위 합류 당시 국민의힘이 페미니스트에게 대안이 될 수 없다고 했지만, 이수정을 계속 응원했다. 당시 신지예가 대표였던 한국여성정치네트워크의 12월 20일 자 성명서는 "교수님의 행보에 애정 어린 연대와 응원의 마음"을 보낸다고 했다(동시에, 군 가산점제 부활 의견은 철회해 달라고 요청했다).

윤석열의 영입 제안에 망설였던 신지예는 "새시대준비위[원회]가 국민의힘에 가입하지 않더라도 활동할 수 있는 장이라고 하는 것에 굉장히 매력을 느"끼며 합류했다(2021년 12월 29일 〈뉴스1〉 인터뷰). 새시대준비위원회는 윤석열이 중도 외연 확장을 위해 민주당 대표 출신 김한길을 끌어들여 위원장직을 맡겨 직속으로 운영하고 있었다.

신지예는 문재인 정부와 민주당에 환멸을 느껴 양당 체제 바깥의 대안을 추구하다가 현실적 한계를 느끼고 윤석열을 택했다고 했다. 일단 정권 교체를 이루고, 이를 디딤돌 삼아 페미니스트로서의 비전을 실현하겠다는 것이었다. "페미니즘은 어떤 당이나 진영에만 소속된 이야기가 아니[다.] … 여성주의는 보수·진보 할 것 없이 인권의 문제이기 때문에 그 가치를 실현하기 위해 노력할 것[이다.]"

페미니즘은 '보수와 진보를 가리지 않는다'는 논리는 그동안 여성 단체 지도자들이 노골적 친자본주의 정당인 민주당에 합류하는 것을 정당화해 왔다. 신지예는 이 논리를 우파 합류를 정당화하는 데 사용한 것이다.

여성 인권을 위해서는 우파 여성과도 협력할 수 있다는 생각은 신지예뿐 아니라 페미니스트 일각에서 이미 수용돼 왔다. 고 박원순에 대한 '미투'를 놓고 상당수 페미니스트들이 우파 변호사 김재련과 제휴한 것이 최근의 사례다. 박근혜 정부에서 여가부 권익증진국장 등을 지낸 김재련은 박원순 피해호소인의 변호사로 나서서 원사건의 실체 규명보다는 '2차가해' 공세로 언론플레이를 하며 여론 몰이에 주력했다.

문재인 정부와 민주당이 개혁 염원을 배신해서 대중이 환멸을 느끼는 상황에서 신지예는 윤석열 당선에 기여해서 국가기구로 진출하고, 그렇게 얻은 지위와 영향력을 이용해 페미니즘을 실천해 보려는 구상을 한 것이다.

요컨대, 신지예 사건에서 페미니즘 사상의 모순이 드러난다. 페미니즘은 자본주의에 대해 (다소간) 비판적이면서도 계급 차이가 아니라 젠더 차이를 중시하면서 계급 차이를 흐린다. 페미니스트의 공직 진출을 통해 남녀 불평등을 극복한다는 전략을 신지예는 윤석열에 도박을 걸어 실현하려 했다. 그러면서 여성

차별을 부추기는 데 일조해 온 윤석열 쪽에 합류하면서 페미니즘의 언사로 윤석열의 우익 본질을 가리려 애썼다.

혼란에 빠진 페미니즘의 전략적 성찰

신지예의 도박은 국민의힘의 주요 세력과 충돌하면서 2주 만에 실패하고 말았다. 신지예 사건은 페미니즘의 전략적 성찰이 혼란에 빠져 있음을 보여 준다.

민주당은 좌파가 아니라 노골적 친자본주의 정당이고 자본가 계급에 핵심 기반을 두고 있지만, 중간계급과 일부 노동조합 관료에도 기반이 있다. 그래서 그동안 여성 단체의 지도자들은 대부분 민주당을 통해 공직으로 진출해 왔다. 그러나 민주당 정부 시절 집권당과 국가기구에 진출한 페미니스트들은 타협을 거듭하며 지지자들의 실망을 샀다. 문재인의 개혁 배신에 대한 대중의 환멸로 우파가 다시 힘을 얻자, 페미니즘 일각에서 우파와 손잡으려는 생각이 자라났다.

신지예의 갑작스런 윤석열 캠프행에 많은 페미니스트가 분노했지만, 공개적인 정치적 비판은 많지 않았다. 여연과 그 소속 단체는 신지예의 윤석열 캠프행에 아무런 입장도 내놓지 않았다. 주요 노동 단체인 민주노총과 진보당도 신지예의 영입 이후 아무런 입장을 내지 않고 침묵했다(다행히 정의당은 합류 즉시 신지예를 비판했다).

여연과 민주노총, 진보당은 다 국민의힘과 윤석열에 부정적인 입장이므로, 신지예의 윤석열 캠프행을 '이해해 주는' 입장은 아니었을 것이다. 그러나 특히 여연의 경우에는 곤혹스러움이 컸을 것이다. 민주당에 여연 출신의 페미니스트가 많고 여연이 문재인 정부와 협력해 왔기에, 신지예가 문재인 정부와 민주당이 페미니즘을 배신했다고 비난한 것을 정면 반박하기 힘들었을 것이다. 페미니즘이 진보와 보수를 넘어선다는 신지예의 주장도 여연이 공유해 온 논리였다. 페미니스트가 페미니스트를 공격하면 페미니즘에 불리하다는 진영 논리도 작용했을 것이다.

민주노총은 조직의 공식 입장을 내지 않고 회피했는데, 김수경 여성국장은 신지예의 행보를 '이해해 주는' 개인적 견해를 밝혔다. 진보당도 신지예 문제에 입장 표명하는 것을 회피했다. 진보당은 이 사건뿐 아니라 정치적 논란이 컸던 페미니즘 관련 쟁점에 대해 공식 입장을 내는 경우가 별로 없었다. 낙태죄 폐지처럼 대중의 지지 여론이 분명할 때는 지지를 분명히 했지만 말이다. 민주노총과 진보당의 이런 회피는 젠더 차이를 중심에 놓으며 계급 차이를 흐리는 페미니즘 사상의 모순을 인식하지 못하고 페미니즘을 추수하는 것이다.

한편, 신지예를 비판한 페미니스트들의 주장에도 모순이 있다. 신지예가 국민의힘 윤석열 쪽으로 간 것만 문제 삼았지, 문재인 정부와 민주당에 진출한 페미니스트들의 무기력한 모습을 비판하는 경우는 거의 찾아보기 힘들었다. 이런 태도는 여성 차별의 원인을 자본주의 계급 관계와 분리하는 페미니즘 사상의 약점에서 나온다.

여성 차별은 계급을 가로질러 일어나지만, 계급 관계와 동떨어져 일어나지 않는다. 자본주의는 이윤 중심의 체제이고 노동계급의 노동을 착취하는 데서 지배계급의 이윤이 나온다. 여성이 자본주의에서 체계적 차별을 겪는 것은 체제가 대중의 필요가 아니라 이윤을 중심으로 하기 때문이다. 여성이 개별 가정에서 주로 양육과 돌봄을 맡는 것은 남성 일반이 아니라 소수의 지배계급에게 이롭다. 지배계급 내에서도 남녀 불평등이 있지만, 지배계급 여성은 이 체제에서 혜택을 보기에 평범한 여성들의 친구가 아니다. 여성 차별을 유지시키는 공범이다.

신지예 사건은 페미니즘 사상의 모순과 약점을 분명히 인식해야 할 필요성을 보여 줬다. 자본주의에 문제가 있다고 여기면서도 자본주의의 핵심 문제를 자본가계급과 노동계급이라는 생산관계에서 찾지 않으면, 여성 차별을 해소하기는커녕 여성 차별을 유지하려는 지배계급과 우파에 이용당할 수 있다. 자본주의 국가를 '남성 권력'이라 말하며 국가의 계급적 성격을 흐려서는 안 된다.

국민의힘과 민주당 모두 자본가계급에 핵심 기반을 둔 정당으로서, 노동계급 여성 등 서민층 여성에게 대안이 될 수 없다. 성차별에 맞서고 여성의 조건을 개선하는 대중투쟁이 지속적으로 일어나는 게 중요하다. 노동계급의 여성과 남성이 단결해 이런 투쟁을 함께 벌이도록 고무하는 계급적 정치가 여성해방을 위해 꼭 필요하다.

제국주의적 악행 가리기에 이용되는 페미니즘

2020년 6월 23일 〈경향신문〉 연재 기사 "여성, 정치를 하다"는 한 회를 미국 클린턴 정부 때 첫 여성 국무부 장관을 지낸 매들린 올브라이트에 할애했다.

이 글은 계급을 무시하고 '여성'을 부각하는 정체성 정치가 어떻게 지배계급 여성 정치인의 악행을 가릴 수 있는지 잘 보여 준다. 필자인 장영은 연세대 젠더연구소 연구원은 매들린 올브라이트가 "원로의 품격을 갖추었다"고 극찬했다. 그렇지만 올브라이트는 미국 제국주의의 핵심 지휘관으로 세계의 많은 사람을 죽음으로 몰아간 학살자다.

올브라이트가 얼마나 미국 지배계급의 이익에 철두철미하게 헌신했는지를 보여 주는 유명한 일화가 있다. 그는 1996년에 TV에 출연했을 때 유엔의 이라크 경제제재(당시 올브라이트는 유엔 주재 미국 대사였다)로 이라크 어린이 50만 명이 죽은 것에 대해 질문을 받았다. 그는 주저하지 않고 다음과 같이 말했다. "우리는 그 희생이 치를 만한 가치가 있다고 생각합니다."

국무부 장관 재임(1997~2001) 동안 올브라이트는 미국 제국주의의 이익을 위해 세계 곳곳에 군사력 투입을 주도했다. 1998년에 미국 군대는 수단의 의약품 공장을 폭격해 수단 전체 의약품의 50퍼센트를 생산하는 공장을 파괴했다. 그 결과, 어린이 수천 명이 말라리아와 결핵 같은 치료 가능한 질병으로 죽어 갔다. 또, 미국은 1998년 말부터 1999년 초까지 이라크를 끊임없이 폭격했고 1999년에는 나토의 이름으로 세르비아를 폭격했다.

장 연구원은 2000년 10월 올브라이트의 평양 방문을 다루며 그가 "미국과 북한의 관계를 유연하게 이끌어 갔"다고 칭송한다. 그러나 빌 클린턴 정부 시절 미국의 대북 정책은 강경한 대북 압박과 협상을 오갔다. 1994년 제네바 합의 이후 북한은 합의 이행에 협조했지만, 미국은 1998년에 다시 북한을 몰아붙였다. 별 근거도 없이 북한 금창리에 지하 핵 시설이 존재한다는 의혹을 제기하며 북한에 사찰을 받으라는 압력을 가했다. 클린턴 정부는 북한의 핵·미사일 개발을 문제 삼아 미사일방어체제MD 구축을 추진하는 데 이용했다. 동아시아에서 미국의 패권을 재천명하려는 이런 노력은 장차 중국과 러시아와의 새로운 갈등을 예고하며 동아시아를 불안정하게 만들 것이었다. 미국 지배자들은 민주당 정부든 공화당 정부든 북·미 관계를 미국의 패권을 유지하는 더 큰 맥락 속에 다뤄 왔다. 올브라이트의 대북 정책이 트럼프 정부 때와 크게 다른 양 서술하는 것은 현실을 너무 모르는 것이다.

〈경향신문〉의 "여성, 정치를 하다" 연재 기사는 올브라이트 외에도 언론인 오리아나 팔라치, 미국 퍼스트레이디였던 미셸 오바마, 독일 전 총리 앙겔라 메르켈도 우호적으로 다뤘다. 팔라치를 제외하면, 모두 지배계급 여성이다. 장 연구원은 메르켈의 "권력 의지가 세상을 안심시킨다"고 칭찬했는데, 제국주의나 계급에 대한 이해는 전혀 없이 권력자 여성을 숭배하는 경향이 있다. 그러나 메르켈을 훌륭한 여성 정치인으로 치켜세우는 것은 진실을 호도하는 것이다. 그는 독일 제국주의 수호에 앞장서 왔고, 보수적 가족 가치관을 설파하고 신자유주의 정책으로 노동계급과 평범한 여성들을 옥죄어 온 우파 정치인이다. 매들린 올브라이트, 앙겔라 메르켈, 미셸 오바마가 권좌에 있는 동안 그 나라 노동계급과 서민층 여성들의 삶은 전혀 나아지지 않았다. 또, 미국과 독일의 제국주의적 정책으로 인해 세계의 수많은 사람들이 죽고 다치며 고통받았다. 한국 최초의 여성 대통령 박근혜가 노동계급과 서민층 여성의 조건을 얼마나 악랄하게 공격했는지 우리도 경험한 바 있다.

〈경향신문〉의 이 연재는 여성의 사회 상층부 진출을 성 평등의 핵심 수단으로 삼는 주류 페미니즘의 전략(정체성 정치에 바탕을 둔)과 상통한다. 그러나 여성은 하나가 아니고, 계급에 따라 차별의 정도가 현격하게 다를 뿐 아니라 계급적 이해관계 때문에 차별을 없애는 데서도 태도가 달라진다. 엘리트 여성은 상층부에 남성과 동등하게 진출하는 데 주로 관심 있을 뿐, 노동계급 여성이 겪는 착취에는 무관심하다. 또, 평범한 여성들의 부담을 덜어 줄 조처(양육의 사회화, 차별 임금 폐지와 여성의 노동조건 개선, 복지 확충과 각종 차별 해소를 위한 지원 등)에도 별 관심이 없다. 상층부에 오른 여성들은 이윤 수호를 위해 여성 대중의 조건을 공격하기도 한다. 그래서 계급을 가로지르는 정체성 정치("여성 정치")로는 성 평등을 이룰 수 없다.

엘리트 여성의 '권력의지'가 아니라, 노동계급과 평범한 여성들이 지배계급의 남성과 여성이 자행하는 착취와 억압에 맞서 스스로 투쟁할 때 세상은 바뀌기 시작한다.

"트랜스젠더 차별과 여성 차별은 연결돼 있다. 자본주의 사회 지배자들과 우파는 가족(과 그 안에서 여성의 헌신)을 이상화하며 이에 어긋나는 존재들을 차별하고 '위험'하다고 낙인찍는다. 가족제도의 안정적 유지가 노동력 재생산의 안정성에 이바지하기 때문이다. 그래서 지배자들은 고정된 성 역할을 끊임없이 부추기고, 이분법적 성별 규범 틀에 사람들을 욱여넣으려 한다. 이 때문에 트랜스젠더는 물론, 시스젠더도 고통받는다."

3부

페미니즘, 트랜스젠더, 정체성 정치

트랜스 여성의 숙명여대 입학 포기 사건

2020년 초 성전환 수술을 한 변희수 하사의 강제 전역과 트랜스 여성의 숙명여대 합격과 입학 포기 소식이 논란이 되며 한국 사회에 트랜스젠더 문제가 이슈로 떠올랐다. 이 사건은 트랜스젠더가 내 동료나 학우로서 일상 '어디에나 있다'는 사실을 새삼 알려 주는 한편, 한국에서 트랜스젠더가 처한 차별의 현실과 관련 쟁점들도 수면 위로 떠올렸다.

2001년 하리수 씨가 연예계에 데뷔하면서 한국 사회에 트랜스젠더의 존재가 처음으로 널리 알려졌다. 오늘날 여러 분야에서 공개적으로 활동하는 트랜스젠더를 더 많이 볼 수 있다. 또, 1990년대만 하더라도 트랜스젠더들은 자신이 누구이고(종종 동성애자로 오해했다고 한다) 무엇을 어떻게 해야 할지 관련 정보를 얻기 어려웠지만, 지금은 당사자 커뮤니티와 단체가 여럿 있고 비교적 쉽게 필요한 정보를 얻을 수도 있다.

성소수자 일반과 마찬가지로 트랜스젠더에 포용적인 태도도 늘고 있다. 2020년 1월 한국갤럽이 실시한 여론조사에 따르면 "성전환 수술에 대해 어떻게 생각하는가?" 하는 질문에 "개인 사정이므로 할 수 있다"는 답변이 2001년 51퍼센트에서 2020년 60퍼센트로 늘었다. 20~40대에서는 80퍼센트였다. "트랜스 여성(MTF)은 여성"이라는 데에도 응답자 절반이 동의했고, 20~30대는 약 70퍼센트가 동의했다.

그렇지만 이런 인식 변화에도 불구하고, 여전히 트랜스젠더는 끔찍한 차별의 현실에서 살아가고 있다.

트랜스젠더가 마주하는 차별의 현실

한국에서는 2006년에 와서야 비로소 대법원이 성별 변경을 허가하고 관련 예규를 제정했다. 이 판결의 당사자는 57세 트랜스 남성(FTM)이었다. 그는 남성으로 살았고 육체노동을 하며 간신히 돈을 모아 마흔이 넘어서 성전환 수술을 하고 결혼도 했다. 그렇지만 57세가 돼서야 주민번호 앞자리가 1로 바뀌었다. 그때까지 그는 57년간 신분증을 요구받을 때마다(핸드폰을 개통하거나 병원에 가거나 통장을 만들거나 투표장에 가거나 구직하거나 등) 가슴을 졸였을 것이다. (동성혼이 인정되지 않기 때문에) 15년을 함께 산 아내와 혼인신고도 할 수 없었다. 한국은 모든 국민에게 부여되는 주민등록번호에 성별 정보가 명시되기 때문에, 성별 정보가 외형과 다른 트랜스젠더는 일상생활에 큰 불편과 어려움을 겪는다.

그런데 이로부터 오랜 시간이 지난 지금도 여전히 많은 트랜스젠더가 이렇게 살고 있다. 성별 정정에 대한 대법원의 예규가 지나치게 엄격하고 법원이 보수적이어서 법적 성별을 변경하기가 매우 어렵기 때문이다. 대법원 예규는 법원의 내부 지침일 뿐이지만, 그동안 사실상 성별 정정의 '허가 요건'처럼 작용해 왔다. 여러 비판 속에서 이 '요건'(현재는 '참고 사항')들은 일부 완화돼 왔지만 가장 문제가 되는 생식능력 제거, 외부 성기를 포함한 성전환 수술 등은 여전히 명시돼 있다. 개별 법원이 간혹 완화된 판결을 내린 사례도 있지만[1] 대법원의 가이드라인이 있는 한 이런 사례는 예외적일 수밖에 없다.

그러나 트랜스젠더가 모두 성전환 수술을 원하는 것이 아니거니와 원한다고 하더라도 높은 비용 때문에 하기 힘든 게 현실이다. 많은 트랜스젠더가 적절한 의료적 조치를 통해 신체적 전환을 하기를 원한다. 그러나 노동계급과 서민층의 트랜스젠더는 보험이 적용되지 않는 고액의 수술 비용을 마련하기가 힘들다. 2017년 조사 결과에 따르면 평균적으로 성기 제거 수술은 300만~400만 원, 가슴 수술은 370만~530만 원, 성기 재건 수술은 1500만~2000만 원이 든다.[2] 정신과 진단, 호르몬 치료, 기타 외과적 수술, 그리고 수술 이후 상당 기간 일을 할 수 없다는 걸 감안하면 이보다 더 많은 돈이 필요하다. 실제로 국내 최대 규모의 성소수자 설문 조사인 "한국LGBTI 커뮤니티 사회적 욕구조사 보고서"(2014)에서도 트랜스젠더 173명 중 105명(60.7퍼센트)이 바로 경제적 이유 때문에 성전환 수술을 받지 않겠다고 응답했다.

주민번호 성별 정보와 외양이 일치하지 않는 트랜스젠더들은 구직 면접에서도 거부당하기 일쑤다. 그래서 4대 보험이 적용되지 않는 열악한 직장을 전전하기도 한다. 고려대 김승섭 교수 연구팀이 트랜스젠더 200여 명을 조사한 결과에 따르면, 절반 가까이가 연평균 가구 소득이 1000만 원 미만(27.4퍼센트)이거나 1000만 원 이상 2000만 원 미만(21퍼센트)이었다. 실업 또는 무직이 46.6퍼센트, 비정규직이 30.8퍼센트였다. 일자리를 구하더라도 취약한 처지에 있기 때문에 부당한 요구도 받아들이기 쉽다. 경제 위기와 코로나19 펜데믹이 트랜스젠더의 삶을 더욱 악화시켰을 것이 뻔하다.

트랜스젠더 청소년은 더 취약한 처지다. 많은 트랜스젠더 청소년이 성별 이분법적인 복장과 두발 규제, 학교 폭력 등으로 학교를 포기한다. 성전환 수술을 위해서 알바 전선에 뛰어드는 경우도 많다. 하루라도 일찍 신체적 전환을 하고 법적 성별을 변경하는 게 그나마 나은 삶을 살 수 있기 때문에 공부, 진학, 꿈이 모두 그다음으로 유예되곤 한다. 한 트랜스젠더 청소년의 인터뷰가 그 심정을 잘 보여 준다.

> 트랜스젠더들의 출발선이 다른 이들에 비해 매우 다르다고 느껴져요. 기회가 있어도, 능력이 있어도 단순히 정체성 하나 때문에 여러 기회비용들을 돈 버는 데에만 써야 하는 게 참 불합리하다고 느껴져요. 트랜스젠더가 아니라서 알바를 안 했다면 공부만 했을 거예요. … 돈. 정말 돈이 문제예요.[3]

이런 현실은 트랜스젠더 차별 역시 계급적 문제라는 걸 보여 준다. 차별로 가장 고통받는 트랜스젠더는 노동계급 등 서민층이다. 모든 트랜스젠더가 고통받지만, 돈이 많으면 이를 완화할 여러 수단을 가질 수 있다. 그렇지만 서민층 트랜스젠더는 경제적 어려움 때문에 의료적 조처를 포기하기 쉽다. 그래서 까다로운 법적 성별 정정 기준을 통과할 수 없고, 이 때문에 다시 열악한 일자리를 강요받는 악순환을 겪는다. 경제 위기로 임금과 노동 조건이 악화되면 트랜스젠더처럼 천대받는 집단은 더욱 고통받는다.

개인의 성별 정체성은 국가의 허가를 받을 문제가 아니다. 개인의 의사 표명만으로도 법적 성별 정정이 가능해야 한다. 이미 스페인, 포르투갈, 덴마크, 스웨덴, 노르웨이, 네덜란드, 아르헨티나, 콜롬비아 등 많은 나라에서 성별 정정 요건으로 성전환 수술을 요구하지 않고 있다. 성전환 수술 요구를 명백하게 위헌이라고 판단한 나라도 많다. 아일랜드는 자신의 의사만으로 성별을 바꿀 수 있다. 성별 정정을 원하면 3쪽 정도의 문서를 작성하면 된다.

그러나 법적 성별 정정이 쉬워져도 이것으로는 불충분하다. 트랜스젠더의 '생존'과 연결된 의료적 조처에 대한 국가의 지원(의료보험 급여화), 청소년 트랜스젠더를 위한 무료 상담소 설립, 안전하고 깨끗한 성 중립 화장실(1인용 화장실) 설치 등의 조처가 없다면 트랜스젠더의 삶이 크게 개선되기 힘들 것이다. 결국 돈이 드는 문제고, 이 체제에서 재정 사용의 우선순위 문제가 제기된다.

우파의 혐오 선동과 문재인 정부의 한결같은 외면

우파는 편견을 부추기며 트랜스젠더의 처지를 더 악화시킨다. 특히, 한국에서는 보수 개신교계가 2000년대 중반부터 '반反동성애 운동'을 주도해 왔다.

성적 지향(누구에게 끌리는가)과 성별 정체성은 개념적으로 다르지만, 사회적 인식과 반응이라는 측면에서는 뚜렷이 구분되지 않을 수 있다. 예컨대 일부 트랜스젠더는 동성애자일 수 있고, 어떤 트랜스젠더가 성적 지향을 유지하며 성별을 전환하면 타인은 그 사람의 성적 지향이 달라진 것으로 볼 수 있다. 따라서 동성애 혐오와 트랜스젠더 혐오는 결합되기도 한다.

보수 개신교 역시 동성애를 비난하는 것과 거의 똑같은 논리로 트랜스젠더를 비난한다. 요컨대 '트랜스젠더는 창조질서에 반하는 비정상이고, 트랜스젠더의 권리 인정은 동성혼을 허용하는 것이며(남성이 여성으로 성별을 바꿔 여성과 결혼할 수 있기 때문), 가정을 해체해 사회를 무너뜨리는 것이다.' 이들은 2020년 3월에 대법원이 성별 정정 예규를 일부 완화하는 것에 반대하는 집회를 열며 법적 성별 정정이 엄격해야 한다고 요구했다.

우파 정치인 일부도 보수 개신교계와 끈끈히 연결돼 있다. 그들 자신이 그 일부로서 성소수자를 혐오할 뿐 아니라, 보수 개신교계의 환심을 사기 위해서 종종 성소수자를 공격한다. 2019년 11월 안상수 의원(당시 자유한국당)이 개인의 성별을 "선택할 수 없고 변경하기 어려운 … 신체적 특징"으로 규정하는 조항을 국가인권위법에 삽입하려고 시도한 것도 그 일환이었다.

한편 문재인 정부와 민주당은 임기 내내 성소수자의 요구를 외면하고 차별을 존속시켰다. 변희수 하사의 강제 전역이 "일할 권리와 성 정체성에 기반한 차별을 금지하는 국제인권법 위반"이라는 유엔 인권이사회의 지적에 대해서도 정부는 적법한 절차였다면서 트랜스젠더의 군 복무에 대해서 또다시 "사회적 합의"를 운운했다.

법원이 트랜스젠더의 법적 성별 정정 요건을 일부 완화해 온 것은 사실이지만 핵심 제약을 지우지 않고 있고, 국방부는 변희수 하사의 강제 전역을 고수했다. 성기 수술하지 않은 트랜스젠더 여성을 병역기피자로 몰아 고발하는 작태는 드물어졌지만, 트랜스젠더는 군대로 받아들이지 않겠다는 것이다.

민주당이 다수인 국회에서 차별금지법 하나 발의하려고 해도 발의 요건(국회의원 10명)을 채우기가 쉽지 않다. 2020년 총선 당시 민주당 사무총장 윤호중은 "불필요한 소모적 논쟁"이고 "선거에서 이슈가 되는 게 좋지 않을 것"이라며 성소수자 차별 문제를 무시했다. 성소수자에 대한 민주당의 전형적 태도를 보여 준 것이다.

트랜스젠더를 반대하는 분리주의 페미니즘

2020년 초 트랜스 여성 A씨가 숙명여자대학교 입학을 포기한 데는 트랜스젠더를 반대하는 분리주의 페미니스트들의 활동이 있었다. 이들은 A씨의 합격 소식이 알려지자마자 온라인을 중심으로 입학 반대 서명을 받고 입학처와 동문회를 압박했다. 몇몇 여자대학교의 동아리들이 아예 법적 성별 변경 자체를 반대하는 입장까지 발표했다.

한국에서 트랜스젠더를 반대하는 페미니즘은 웹사이트 워마드에서 모습을 드러내기 시작해서 2017년 이후 온라인을 중심으로 활동했다. 2019년에는 일부 여자대학교에서 남녀 대립적 페미니즘 동아리를 결성해 활동을 확장했다. 이들은 서구에서 트랜스젠더 배척으로 악명 높은 페미니스트인 실라 제프리스 등의 주장에 의존한다. 열다북스 출판사가 관련 서적들을 번역 출간했고, 2019년 실라 제프리스를 초청해 강연회도 열었다.

그러나 이들은 여성 일반은 물론, 페미니즘 전체나 남녀 대립적 페미니즘 전체도 대변하지 않는다. 서구에서는 캐서린 매키넌 같은 유명한 남녀 대립적 페미니스트들이 트랜스젠더를 지지한다. 우리나라에서도 여연 등 주류 여성 단체, 페미니스트 학자, 활동가가 A씨의 입학을 지지했다.

트랜스젠더 배척 활동 때문에 A씨가 안타깝게 입학을 포기했지만, 이런 배척이 대중 정서를 반영한 것은 아니었다. 어렵게 성전환 수술과 법적 성별 정정까지 마치고 대학에 합격해 공부하겠다는 학생을 단지 트랜스젠더라는 이유로 내치려고 하는 것에 많은 사람들이 혀를 내둘렀다. 주류 언론도 대체로 A씨에게 온정적으로 보도했다. 이 사건은 오히려 트랜스젠더 배척에 나선 분리주의 페미니스트들의 극성스러운 편협함만 널리 알리는 계기가 됐다.

트랜스젠더에 관한 분리주의자들의 핵심 주장을 요약하면 다음과 같다. 첫째, 성별 정체성은 허구이며 따라서 트랜스 여성(MTF)은 남성이다. 둘째, 트랜스 여성은 잠재적 (성)범죄자이며 여성 공간을 침해한다. 셋째, 트랜스젠더는 성별 고정관념을 강화해 여성 차별에 기여한다.

그러나 첫째, 성별 정체성은 단순한 느낌이나 허위의식이 아니다. 많은 트랜스젠더가 자신의 성별 정체성에 대해 아주 오래, 깊이 고민한다. 2차 성징을 거치는 시기에 성별 정체성과 생물학적 성 사이의 불화가 특히 심해지며 더욱 뚜렷해지기도 한다. 성별 정체성은 자신의 생물학적 성에 대한 내면적 인식과 사회의 성별 규범이 상호작용하면서 생겨나는 실재적인 것이다. 성별 정체성은 개인의 핵심 자아 중 하나로 그 자체로 존중받아야 한다. 따라서 트랜스 여성은 여성이고, 트랜스 남성은 남성이다. 이것을 부정하는 것은 생물학적 본질주의에 따른 편협함과 자기중심주의를 드러내는 것이다.

둘째, 트랜스 여성이 위험하다는 주장 역시 근거 없는 편견일 뿐이다. 트랜스젠더를 반대하는 페미니스트들은 불법 촬영, 강간 등 성범죄 사건들을 근거로 사용하며 두려움을 부추긴다. 그렇지만 그 사건들은 대부분 트랜스젠더와 아무 상관이 없는 범죄로 해외 반反트랜스젠더 사이트의 내용들을 검증 없이 번역한 가짜 뉴스다. 설사 어떤 트랜스젠더 개인이 범죄를 저지른 것이 사실일지라도, 그것을 트랜스젠더 전체의 문제로 비약시켜서는 안 된다.

여자대학교는 이미 여성만의 공간이 아닐뿐더러, 트랜스 여성이 여성 화장실을 쓴다고 범죄가 일어나는 것도 아니다. 오히려 출생 성별에 따라 화장실에 가도록 강제할 경우 폭력의 대상이 되는 것은 트랜스 여성이다. 트랜스 여성이 위험하다는 주장의 밑바탕에는 모든 남성이 잠재적 범죄자라는 인식이 있는데, 이 역시 잘못이다.

셋째, 성별 고정관념은 트랜스젠더가 아니라 이 체제가 체계적으로 부추기는 것이다. 트랜스젠더는 자본주의가 강요하는 성별 고정관념에 어긋나기 때문에 차별과 혐오의 대상이 된다. 또한 트랜스젠더는 사회적으로 '반대의 성'으로 보여야 한다는 압박을 받는다. 그것은 법적 성별 정정의 한 요건이기도 하다. 게다가 어떤 여성이든(트랜스 여성이든 아니든) '탈코르셋'하지 않고 때로 '주류적 여성상'에 부합하려고 애쓴다고 하더라도 개인을 문제 삼아서는 안 된다. '여성의 몸은 여성 자신의 것'이다.

'남 대 여' 페미니즘의 난점

앞서 지적했듯이 남녀 대립적 페미니스트들 중에서도 트랜스젠더를 지지하는 사람들이 있다. 1960~1970년대 미국 여성운동에서 부상한 남녀 대립적 페미니즘은 오늘날 한국에서 득세하고 있다. 우리나라 진보적 여성운동은 거의 다 남녀 대립적 페미니즘 사상의 영향 아래 있다고 볼 수 있다.

그렇지만 남녀 대립적 페미니즘은 사회를 기본적으로 생산과 노동과 착취라는 면에서 규정하지 않고, 남성과 여성 사이의 위계로 조직돼 있다고 본다.[4] 즉, 이 사회를 '남성이 여성을 지배하는 체제'인 '가부장제'나 '여성 혐오 사회'로 본다. 따라서 이들에게 남성은 지배자이자 가해자다. 트랜스젠더를 반대하는 분리주의 페미니즘이나 트랜스젠더를 옹호하는 남녀 대립적 페미니즘이나 이 생각을 근본에서 공유한다. 그래서 남녀 대립적 페미니즘은 트랜스젠더에 대한 반감으로 미끄러지는 길을 열어 준다. 트랜스 여성도 어차피 남성이니 위험하다는 인식을 받아들이기 쉬워진다.

예컨대 2016년 강남역 살인 사건 이후 한국의 거의 모든 페미니스트는 이를 "여성 혐오 살인"으로 규정했다. 또, 단지 이례적 사건이 아니라 남성에 의해 여성이 맞고 죽는 "일상"의 연장으로 과장했다. 여성 폭력 현실에 대한 이런 과장은 여성들에게 불필요한 위축감과 무력감을 주고, 여성 차별의 원인을 계급 체제가 아니라 엉뚱한 데서 찾게 되기 십상이다.[5] 트랜스젠더를 반대하는 페미니스트들은 A씨 입학 반대 운동에서도 바로 그 논리로 '남성의 여성 공간 침해'와 '여성 안전'을 가장 부각했고 이것이 일부 젊은 여성들이 느끼는 안전에 대한 공포감과 맞물려 A씨 입학 반대 여론을 이룬 것이다.

한편, 남녀 대립적 페미니즘이 수용해 온 정체성 정치도 분열을 낳기 쉽다.[6] 정체성 정치는 계급을 가로질러 특정 차별을 겪는 사람만이 그 차별을 진정으로 이해하고 그에 맞설 수 있다고 본다. 그래서 남녀 대립적 페미니즘은 종종 '여성들의 연대'를 호소한다. 남성들과의 연대는 제한적이거나 형식적일 뿐이다. 이것을 더 일관되게 극단으로 밀어붙이면 '불편한 용기'가 조직한 시위에서처럼 아예 모든 남성을 배척하게 된다(분리주의). 그러다 보면 누가 '진짜 여성'인지 가려내는 게 중요해질 수 있다.[7]

요컨대, 남녀 대립적 페미니즘 사이에서 트랜스젠더를 포함한 성소수자 연대를 둘러싸고 논쟁이 일고 있음에도, 주류 여성 단체들이 채택한 '남 대 여'식의 페미니즘은 새 세대 여성 일부에서 트랜스젠더 반대 주장이 수용되는 데 일조했다고 볼 수 있다. 이런 점에서 트랜스젠더를 반대하는 페미니즘을 "지배적 남성 권력에 대한 분노가 길을 잃고 사회적 소수자에게 향한 것"(권김현영)으로, 즉 단순한 경로 이탈쯤으로 보는 것은 남녀 대립적 페미니즘의 난점을 직시하기를 회피하는 것이다.

트랜스젠더를 옹호하는 입장들의 강점과 약점

A씨를 지지하며 많은 여성·성소수자 단체와 동아리, 학자, 활

동가가 성명·논평을 발표했다.[8] 대체로 이들은 여성 내에 차이가 있다는 점을 강조하며 트랜스 여성과의 연대를 추구한다. 이때 많은 사람들이 교차성 개념을 사용한다.

① 교차성

교차성 개념은 한 개인에게서도 성별·섹슈얼리티·민족·계급·장애 등 여러 차별이 교차한다는 것이다. 이 개념은 단일한 정체성과 분리주의를 반대하고 차별받는 사람들 간의 연대를 강조하는 장점이 있다.

그렇지만 교차성 주장은 차별의 양상을 묘사하는 데에서 나아가 차별의 원인은 무엇인지, 어떻게 저항할 것인지, 해방을 위해 무엇이 필요한지 등 결정적 물음에 대해서는 답변하지 못한다. 또한 계급 문제를 그저 여러 차별 중 하나로 여기는 문제도 있다.

차별은 계급사회에서 소수의 지배계급이 다수인 피지배계급을 분열시켜 지배하는 방법이다. 따라서 차별의 양상은 다양해도 차별은 계급사회에 근원을 두고 있다. 따라서 마르크스주의자들은 특정 차별에 맞서 싸우는 것을 흠뻑 지지하면서도 '자본주의의 무덤을 파는 사람들'인 노동계급의 투쟁이 결정적으로 중요함을 인식한다.

② 특권 이론

한 개인에게 '여러 정체성'이 있다고 인정하면서 종종 '우리는 약자인 동시에 특권을 가진 존재다'라며 특권 이론을 수용하는 사람들이 있다. 이들은 트랜스젠더가 아닌 사람들(시스젠더)이 자신에게 부여된 권력을 자각해야 한다고 말한다. 이들에 따르면 A씨를 반대한 사람들은 "시스젠더 권력"을 행사한 것이다.

이런 주장은 단순히 시스젠더(혹은 이성애자, 백인)가 직접 경험할 수 없는 트랜스젠더(또는 동성애자, 흑인)의 차별을 알고 이해하자는 좋은 취지를 넘어서는 것으로, 오히려 연대 강화에 해가 되기 쉽다. 초점을 차별을 양산하는 사회구조와 이를 지탱하는 지배계급이 아니라 개인들 간 불평등에 맞추기 때문이다. 그러면 집단적 저항을 고무하기보다 오히려 개인 간 분열과 반목을 야기하기 쉽다.

특권 이론에 따르면 시스젠더가 할 수 있는 최선은 자신의 권력에 반해 단지 지지자로 행동하는 것뿐이다. 그러나 마르크스주의는 차별에 맞서 싸우는 것이 그 차별을 겪는 사람뿐 아니라 모든 노동계급에게 이득이 된다고 주장한다.

특정 차별을 겪지 않는다고 해서 '특권' 집단으로 취급한다면 도덕주의를 강화하며 자본주의 사회의 진정한 권력자들이 누구인지 가리는 효과를 낸다. 그렇지만 화장실을 편하게 갈 수 있다고 해서 특권을 누리는 것도, 이득을 얻는 것도 아니다. 우리의 관점은 트랜스젠더를 포함해 누구나 맘 편히 안전하게 화장실에 갈 수 있는 권리 등을 보장하도록 진정한 권력자들(국가와 기업주, 대학당국 등)에게 요구하는 것이어야 한다.

③ 차별금지법 제정

〈한겨레〉, 〈경향신문〉 같은 중도진보계 언론과 많은 NGO 활동가들은 A씨 입학 포기를 보며 그 대안으로 포괄적 차별금지법 제정을 다시금 강조했다.

차별금지법 제정은 필요하다. 차별받을 때 최소한의 법적 구제 수단이 있으면 좋겠다는 바람은 정당하다. 그러나 트랜스젠더를 둘러싼 운동 내 논쟁이라는 정치적 문제는 법의 부재 문제로 치환될 수 없다. 중요한 것은 트랜스젠더를 배척하는 주장들을 잘 반박하며 아래로부터 운동을 건설해 대중의 자신감과 의식 수준을 높이는 것이다.

중도진보계 언론과 NGO 활동가들은 아래로부터 투쟁을 건설하는 것보다 개혁 입법 활동에 주력하면서 차별금지법의 효과에 대해 환상을 부추긴다. 그러나 차별금지법이 제정된 해외 나라들에서도 여전히 많은 차별이 광범하게 일어난다. 근본적으로 차별은 자본주의 체제의 수혜자들이 체계적으로 부추기기 때문에 개혁 입법만으로는 차별을 없앨 수 없다. 한국에도 이미 개별적 차별금지법인 장애인차별금지법, 연령차별금지법, 비정규직차별금지법, 남녀고용평등법이 있지만, 두루 알다시피 차별이 없어지거나 평등이 실현되지는 않았다.

④ 좌파 정당들의 입장

보수 정당의 성소수자 혐오와 민주당의 외면 속에서 정의당은 공식 정치에서 성소수자를 대변하는 구실을 일정 정도 해 왔다. 21대 국회에서 차별금지법 발의를 주도하기도 했다. 정의당은 트랜스젠더(변희수 하사와 숙명여대에 합격한 A씨)에 대해서도 지지 입장을 표명했다. 이후 총선에서 비례대표 후보로 트랜스젠더 당사자 임푸른 씨가 나오기도 했다.

그런데 정의당은 트랜스젠더 방어 문제에서 약점도 보여 줬다. A씨의 입학 포기 이후 나온 정의당 브리핑은 A씨의 입학 포기를 안타까워하면서도, A씨의 입학에 반대해 학교 당국에 압력을 넣은 페미니스트들을 비판하지 않고 그 책임을 엉뚱하게 "정부와 교육 당국"으로 돌렸다. 당 안팎에서 논란이 생길 수 있는 페미니즘 논쟁을 회피한 것이다.

진보당도 성소수자와 트랜스젠더를 지지하는 입장을 내놓았다. 스탈린주의가 성소수자에 대해서 나쁜 입장을 취해 온 과거에 비해 진보한 것이다. '민중당(진보당의 전신) 인권위원회' 수준에서 변희수 하사의 강제 전역을 비판하는 성명을 발표했다. 그렇지만 A씨와 관련해서는 입장을 내지 않았다. 이 역시 페미니즘 내 뜨거운 문제에 대해서는 회피하는 태도를 보인 것이다.

트랜스젠더 해방을 위한 정치

앞으로도 대학·직장·미디어 등 여러 영역에서 트랜스젠더 권리를 둘러싼 논쟁은 늘어날 수 있다. 차별에 반대하는 사람들은 트랜스젠더 혐오에 맞서고, 이들의 권리를 둘러싸고 벌어지는 투쟁에 참가해 효과적 지지를 제공해야 한다.

그렇지만 이것만으로는 부족하다. 차별에 맞서 효과적으로 싸우고 나아가 해방에 이르기 위해서는 차별의 근원을 이해해야 한다.

차별은 인간 본성이 아니라 특수한 역사적 산물이다. 트랜스젠더 차별은 계급사회가 등장하면서 여성 차별과 함께 생겨났다. 농경이 발전하면서 무거운 쟁기의 사용, 장거리 무역, 빈번해진 전쟁 등으로 아이를 낳고 젖을 물리던 여성들은 점차 생산의 주요 영역에서 밀려났다. 일부 남성이 잉여생산물을 통제하는 지배계급이 되면서, 자신의 재산을 합법적으로 상속할 수 있는 적자嫡子가 중요해졌고, 남성이 우위를 점하는 배타적 가족이 발전했다. 이 과정에서 여성의 자유는 옥죄어졌다. 더 엄격한 성 역할과 성별 행동 규제가 생겼고, 크로스드레싱과 같은 다양한 성적 표현·행위도 억압받기 시작했다.

자본주의에서 가족제도는 노동력을 재생산하는 핵심 제도로서 동성애·트랜스젠더 혐오와 차별을 양산한다. 또한 차별은 소수가 다수를 지배해야 하는 계급사회에서 지배자들이 사용하는 분열 지배 전략과도 관련 있다. 즉, 자본주의에서 지배계급은 착취를 위해 노동계급을 분열시키고자 여러 차별을 체계적으로 부추긴다.

이처럼 트랜스젠더 차별은 여성 차별과 긴밀한 관련이 있고, 둘 모두 자본주의의 구조와 작동 방식에서 비롯한다. 여성과 성소수자 해방을 위해서는 노동계급의 혁명을 통해 자본주의가 폐지돼야 한다.

자본주의가 굴러가는 핵심 원동력은 임금노동에 대한 착취에서 나온다. 그래서 계급 관계는 그저 여러 사회관계의 하나가 아니라 핵심적 사회관계다. 계급은 차별의 원천일 뿐 아니라 권력의 원천이고 다양한 배경과 중첩되는 여러 차별을 겪는 사람들이 단결할 수 있는 잠재적 토대다.[9]

이 때문에 노동자들이 거대한 투쟁에 나설 때 자신의 힘을 느끼고 지배계급에 맞서 모두 이해관계가 같다는 것을 알게 된다. 그 과정에서 기존에 품고 있던 낡은 편견과 후진적인 생각도 버리기 쉬워진다. 차별 없는 세상을 만들 잠재력은 바로 여기에서 나온다.

역사적으로도 계급투쟁이 성장할 때 차별 반대 운동도 성장했다. 예컨대 러시아 혁명으로 많은 여성 개혁 입법이 이뤄졌고 가사의 사회화가 추진됐다. 동성애가 합법화됐고 여러 피억압 민족이 자결권을 인정받았다. 비록 내전과 혁명의 고립 속에서 부상한 스탈린주의 관료의 반혁명에 의해 혁명의 성과가 후퇴하고 사라졌지만 말이다.

모두가 자유로운 젠더 표현과 섹슈얼리티를 누릴 수 있는 사회는 자본주의에서는 가능하지 않다. 이것만이 아니다. 오늘날 끊임없이 반복되는 경제 위기, 빈곤, 기후 위기, 전염병 확산, 전쟁 등 인류의 미래를 위협하는 이 체제를 끝장내지 않으면 안 된다.

차별금지법에서 트랜스젠더를 제외하자고?

트랜스젠더를 배척하는 일부 분리주의 페미니스트들이 '여성 인권캠페인WHRC 한국지부'를 만들고, 차별금지법에서 '성별 정체성'을 제외하라고 요구하는 서명운동을 벌였다. 2021년 8월 21일에는 온라인에서 '차별금지법 성별 정체성 항목 포함에 반대하는 여성 총궐기'라는 거창한 이름의 모임을 개최했다. 여기에는 "숙명여대 트랜스젠더 입학 반대 활동가"도 발제자 중 하나로 참가했다고 한다.

여성인권캠페인(현재 명칭은 국제여성선언WDI)은 실라 제프리스 등 트랜스젠더를 배척하는 페미니스트들이 2019년에 만든 단체로, "'성별 정체성' 혹은 '젠더 정체성'이 각국 법안과 국제 규약에 포함돼 여성 인권을 위협하는 사태에 대항하는 국제적 여성운동 조직"임을 표방한다. 이들은 차별금지법에 '성별 정체성'이 포함되면 "여성 전용 공간과 서비스, 그리고 스포츠를 지키려는 시도가 '차별 행위'로 인식"되고, "해로운 호르몬 처치 및 '성전환' 수술이라는 신체 훼손을 받게끔 유도"해서 문제라고 주장한다. 트랜스젠더의 권리와 여성의 권리가 충돌한다고 보는 것이다.

트랜스젠더가 천대받는 사회에서 일부 페미니스트도 트랜스젠더를 배척하는 것은 매우 유감이다.

한국 페미니즘 내에서 이런 주장이 다수는 아니다. 페미니스트의 다수는 트랜스젠더를 옹호한다. 그러나 지배자들과 우파가 트랜스젠더 혐오와 성별 이분법을 지지하는 상황에서, 일부 페미니스트의 트랜스젠더 배척 주장은 숙명여대 합격생의 입학 좌절과 변희수 하사의 비극처럼 트랜스젠더 차별의 현실을 악화시킬 수 있다.

트랜스젠더가 여성 스포츠를 위협하나

최근에는 특히 국제적으로 트랜스젠더의 스포츠 참여 문제가 쟁점이 됐다. 여성인권캠페인은 2021년 도쿄 올림픽에서 트랜스젠더 여성 역도 선수 로럴 허버드가 여성부에 출전한 것을 문제 삼았다. 이것이 여성을 "불공정하게 불리한 위치에 놓아"서 "여성에 대한 차별에 해당"한다는 것이다. 2021년 서울시장 보궐선거 후보였던 여성의당 김진아 씨도 로럴 허버드의 출전이 "뉴질랜드의 차별금지법 때문"이었다며, "한국의 차별금지법에서는 '성 정체성' 항목이 재고돼야 한다"고 주장했다. 미국 공화당 의원들은 각 주에서 트랜스젠더 청소년이 자신의 성별에 따라 스포츠에 참가하지 못하도록 하는 법안을 발의했다.

그렇지만 이들의 주장과 달리, 트랜스젠더가 올림픽에 출전할 수 있게 된 2004년 이래로 트랜스젠더 여성이 메달을 딴 적은 없다. 로럴 허버드도 도쿄 올림픽에서 인상 1~3차 시기에 모두 실패하며 탈락했다(온갖 혐오에도 불구하고 꿋꿋하게 경기를 치른 허버드에게 박수를 보낸다). 트랜스젠더가 겪는 온갖 차별과 성전환의 어려움을 생각한다면, 트랜스젠더가 올림픽 같은 엘리트 스포츠 대회에 출전하는 것 자체가 쉽지 않다.

보통 트랜스젠더 여성이 여성으로 태어난 선수보다 유리하다고 여겨지지만, 이를 증명하는 뚜렷한 증거는 없다. 관련 연구가 부족할 뿐 아니라, 기존의 연구들도 표본이나 연구 방법에서 여러 문제가 제기됐다. 그럼에도 명백한 것은 트랜스젠더가 아닌 사람들과 마찬가지로 트랜스젠더도 운동 능력에 개인차가 크다는 점이다. 물리학자이자 올림픽위원회IOC 고문인 조애나 하퍼는 "트랜스젠더 선수가 시스젠더 선수에 비해 갖는 장점이나 단점을 파악하는 건 간단하지 않고, [있다고 해도] 개인마다, 스포츠 종목마다 다를 수 있다"고 말한다.

무엇보다 트랜스젠더 여성의 생리적 특성에 유독 초점을 맞춰 스포츠의 공정성을 시비하는 것은 차별적이다. 경기에서 유리하거나 불리하게 작용하는 신체적 조건(예컨대 농구나 배구에서 키)은 보통 그 선수가 가진 '공정한' 역량으로 수용된다.

또, 경기에는 훨씬 광범한 요인이 영향을 미친다. 예컨대 빈곤이 신장과 근력에 미치는 영향, 그 나라의 공공시설이나 지원 정도, 교육 격차 등이 그렇다. 2021년 도쿄 올림픽에 참가한 206개국 중 113개국은 메달을 한 개도 따지 못했다. 반면, 미국·중국·일본·영국·러시아 5개국이 전체 메달의 약 40퍼센트(395개)를 가져갔다. 자본주의 사회에서 스포츠는 애초에 공정한 경쟁의 장이 아니다.

스포츠 대회는 여성 차별적이기도 하다. 예컨대 2021년 노르웨이 여자 비치핸드볼 대표 팀이 비키니 하의를 입으라는 규정을 따르지 않고 반바지를 입어서 징계를 받았다. 스포츠 업계의 광고주와 스폰서가 비키니를 선호하기 때문에 그런 황당한 규정이 유지되고 있다. 언론은 종종 여성 선수의 실력보다 외모에 더 주목한다. 스포츠계 내부의 위계와 성 비위 문제도 끊임없이 제기돼 왔다.

트랜스젠더가 여성 스포츠를 위협한다는 주장은, 여성 차별을 개선하기는커녕 스포츠에서 정말 중요한 불평등 문제를 가리는 효과만 낸다.

트랜스젠더와 여성의 권리는 대립하지 않는다

'여성인권캠페인 한국지부'는 '성별 정체성' 인정이 여성의 권리를 침해할 뿐 아니라, "여성 화장실, 탈의실, 여탕 등 여성 전용 공간을 위험에 빠뜨린다"고도 말한다. 그들은 일부 사례를 과장하거나 왜곡해서 두려움을 부추긴다.

그렇지만 정작 트랜스젠더가 겪는 끔찍한 폭력에 대해서는 말하지 않는다. 트랜스젠더 여성이야말로 안전한 여성 전용 시설이 정말 필요한 사람들이다. 여성을 공격할 목적으로 트랜스젠더인 체하며 여성 전용 공간에 들어가려는 범죄자는 극소수에 불과하고, 이런 경우를 우려해 트랜스젠더 전체를 배척하자는 것은 비약이다. 안전하고 더 좋은 공공장소와 서비스는 모두에게 필요한 것이다.

성별 정체성이 문제 되지 않는 것도 아니다. 사회에서 온갖 차별과 편견을 마주하면서도 살아가고 있는 트랜스젠더의 존재 자체가 그 방증이다. 문제가 아니라면, 그토록 많은 트랜스젠더가 자신의 성별 정체성에 대해 고심하고, 일부가 만만찮은 비용과 위험을 감수하면서 성전환을 하겠는가.

그래서 트랜스젠더 배제적 페미니스트들의 주장과 달리, 트랜스젠더에게 호르몬 치료와 성전환 수술 같은 적절한 의료 조치는 해롭기는커녕 권리가 돼야 한다. 이런 지원을 못 받는 것이야말로 심각한 피해를 낳는다.

트랜스젠더 배척론자들은 '트랜스젠더 여성은 남성으로 태어났으니 남성'이고(생물학적 결정론), 남성의 본성은 여성을 공격하고 차별한다고 전제한다.

그렇지만 여성 차별의 원인은 남성의 본성이 아니다. 여성 차별이 인류 역사 내내 있었던 것은 아니다. 인류 역사 대부분(98퍼센트 이상)을 차지하는 무계급사회에서 여성은 차별받지 않았고 남성과 평등한 관계였다. 여성 차별은 계급사회가 등장하면서 생겨난 가족제도에서 비롯했다. 그리고 자본주의 사회의 여성 차별도 자본주의의 구조와 작동 원리 때문에 생겨나고 유지돼 왔다.[1]

그렇기에 트랜스젠더 차별과 여성 차별은 연결돼 있다. 자본주의 사회 지배자들과 우파는 가족(과 그 안에서 여성의 헌신)을 이상화하며 이에 어긋나는 존재들을 차별하고 '위험'하다고 낙인찍는다. 가족제도의 안정적 유지가 노동력 재생산의 안정성에 이바지하기 때문이다. 그래서 지배자들은 고정된 성 역할을 끊임없이 부추기고, 이분법적 성별 규범 틀에 사람들을 욱여넣으려 한다. 이 때문에 트랜스젠더는 물론, 시스젠더도 고통받는다.

생물학적 결정론과 트랜스젠더 배척은 여성 차별을 정당화하는 우파 주장의 거울 이미지일 뿐이다. 만약 생물학적 차이가 여성 차별을 낳는다면, 여성해방을 위한 투쟁은 해도 소용없을 것이다. 이들은 "성 평등에 거스르는 사상을 바탕으로 성 평등 운동을 하는 모순을 품고 있는 것이다."[2]

이처럼 자본주의 체제와 계급 관계에 대한 이해 없이 남 대 여 구도로 사회를 보면, 의도와 달리 우파에게 이용되기 쉽다. 차별금지법에서 '성별 정체성'을 제외하라는 분리주의 페미니스트들의 캠페인은 차별금지법뿐 아니라 임신중단권 등 여성의 권리를 공격하는 우파에게 명분만 줄 뿐이다.

진정한 여성해방을 위해서는 천대받는 트랜스젠더가 아니라, 여성과 성소수자 차별의 근원인 자본주의와 그 수혜자인 지배계급에 표적을 돌려야 한다.

마르크스주의, 페미니즘, 트랜스젠더 정치

2017년 7월 도널드 트럼프가 미국 군대는 더는 트랜스젠더의[1] 입대를 환영하지 않는다고 트위터에 올렸다.[2] 트랜스젠더가 "어마어마한 의료 비용과 혼란을 낳는 … 부담 거리"라며 말이다. 트럼프는 사람들이 스스로 바라는 성별에 따라 화장실을 사용하도록 허용하는 법안을 뒤집으려 하는 등 여러 차례 트랜스젠더를 공격했다.

오늘날 트랜스젠더는 폭력적 공격 위협에 노출돼 있다. 2017년은 미국에서 트랜스젠더가 가장 많이 살해당한 해가 될 것으로 예상됐다.[3] 영국에서는 5년 사이에 트랜스젠더에 대한 혐오 범죄가 3배로 늘어났지만 기소율은 오히려 하락해서 많은 트랜스젠더가 경찰을 신뢰할 수 없다고 답했다. 2016년 트랜스젠더의 3분의 1 이상이 차별 때문에 직장을 그만둘 수밖에 없었다고 답했다.[4] [성소수자 지지 단체] 스톤월의 보고에 따르면 트랜스젠더 중

고등학생과 대학생 10명 중 8명은 자해 경험이 있고, 45퍼센트는 자살을 시도했다.[5]

이와 동시에, (자신의 성별이 남성도 여성도 아니라고 밝힌 가수 마일리 사이러스처럼) 트랜스젠더가 대중문화에 등장하는 일은 상당히 늘었다. 영국사회인식조사BSA에 따르면, 트랜스젠더를 인정하는 사람의 비율은 [82퍼센트로] 상당히 높다(트랜스젠더가 교사나 경찰관이라면 인정 비율이 떨어졌지만 말이다).[6] 이런 맥락에서 점점 더 많은 사람이 남성에서 여성으로 혹은 그 반대로 성별 전환을 시작하거나 성별 이분법을 벗어나 성 중립적 인칭 대명사를 사용하는 등 스스로 선택한 성별로 살아갈 권리를 주장하고 있다.

〈타임〉은 트랜스젠더 권리를 위한 투쟁을 "미국 시민 평등권 운동의 새 영역"이라 불렀다. 영국에서는 주로 트랜스젠더가 자신의 성별을 공식적으로 인정받기 위해 거쳐야 하는 관료적·의료적 절차를 놓고 투쟁이 벌어졌다. 현재 영국 정부는 2004년 제정된 성별인정법GRA을 개정하기 위한 자문 절차를 밟고 있다. 개정안이 통과되면, 트랜스젠더가 성별을 스스로 결정하고 그에 따라 출생증명서를 변경하기가 한결 수월해진다. [2015~2020년 영국 노동당 대표] 제러미 코빈은 법 개정을 지지했지만 일부 사람들은 조소를 보냈다. 그들은 동성애자 권리에 반대하는 과거 주장의 일부를 똑같이 따라 하며 이른바 '트랜스젠더주의'를 비웃고 성별 정체성 선택이 라이프스타일 선택 문제와 마찬가지라고 일축한다. 온라인 시사 매체 〈스파이크드〉의 편집장 브렌던 오닐은 사설에 다음과 같이 썼다. "그러니까 어떤 남성이든 자신을 여성이라 규정하면, 여성으로 인정받을 법적 권리가 있다는 것이다. 짠! 그는 이제 여성이다. 아차, '그녀'라고 해야지." 오닐은 이어 "여성성이란 거울 앞에서 짓는 포즈 따위가 아니다" 하고 훈계를 늘어놓는다.[7]

우파 언론과 '트랜스젠더 트렌드' 같은 트랜스젠더 혐오 웹사이트는 틈만 나면 트랜스 여성을 콕 집어 여성과 아동을 위협하는 포식자인 양 묘사한다. 2013년 트랜스젠더 교사 루시 메도스가 [우파적 일간신문] 〈데일리 메일〉의 칼럼니스트 리처드 리틀존의 비난을 견디다 못해 자살했다. 트랜스젠더를 공격하는 사람들은 어린아이가 세뇌당할 수 있으니 보호해야 한다고 떠드는데, 이런 중상을 듣고 있으면 마거릿 대처 정부가 제정한 악명 높은 반동성애 법 조항인 지방정부법 28조가 떠오른다. 선정적 우파 신문이 트랜스젠더 권리에 반대하리라는 것은 충분히 예상할 수 있는 일이다. 그러나 트랜스젠더 권리를 둘러싼 논쟁을 더욱 까다롭게 만드는 것은 일부 페미니스트와 (리틀존의 행동을 경멸했을) 활동적 사회주의자도 성별인정법 개정을 반대한다는 사실이다.

트랜스젠더 권리가 시민 평등권 운동의 새로운 영역일 수 있지만, 흑인의 평등, 여성의 평등, 섹슈얼리티에 구애받지 않고 자유롭게 사랑할 권리도 아직 완전히 쟁취하지 못한 상태다. [온갖 차별이 여전히 존재하는] 이런 현실이 트랜스젠더 권리를 둘러싼 논의를 더욱 복잡하게 만든다. 특히 일부 페미니스트는 트랜스젠더 권리가 보장되면 자신들이 어렵게 성취한 성과가 손상될지 모른다고 여긴다.

그런 페미니스트는 (특히 남성에서 여성으로 전환한) 트랜스젠더의 존재 자체를 문제 삼는다. 이런 경향의 페미니스트를 흔히 '트랜스젠더를 배제하는 급진적 페미니스트TERF'라고 부른다. 트랜스젠더를 비판하는 사람은 [이들 말고도] 다양하므로 나는 '트랜스젠더에 비판적인 페미니스트'라는 용어를 사용하겠다. 물론 성별 자기 결정권을 비롯한 트랜스젠더 권리를 완전히 지지하는 페미니스트도 많다.

불과 몇 년 전만 해도 젠더 정치에서는 여성 차별에 관한 토론이 주를 이뤘다. 그러나 오늘날 많은 청년에게 젠더 정치는 다양한 성별 정체성을 인정받기 위한 투쟁이다. 젠더를 바탕으로 한 차별에 맞서 싸워 온 페미니스트라면 다양한 정체성 표현을 당연히 지지할 것이라고 여길 수 있지만, 모든 페미니스트가 그러는 것은 아니어서 소셜 미디어에서 격렬한 논쟁이 벌어지고 있다. 안타깝게도 영국 교원노조NUT가 이런 논쟁의 장이었고, 2017년 여름과 가을 내내 논쟁이 특히 격했다. 오랜 페미니스트 활동가인 교원노조 부위원장이 트랜스젠더를 비판하는 발언을 하자 트랜스 여성이자 평등에 관한 공헌으로 블레어피치상을* 받은 주노 로시가 항의하며 상을 반납하겠다고 으름장을 놓았다.

이 글은 여성해방을 위한 투쟁, 트랜스젠더 해방을 위한 투쟁, 사회주의를 위한 투쟁 사이의 공통된 기반이 무엇일지 탐색하는 논의의 장을 열고자 한다.

가족, 여성 차별, 성별 고정관념

카를 마르크스의 협력자 프리드리히 엥겔스는 자신의 고전 《가족, 사유재산, 국가의 기원》에서 본질적으로 평등했던 수렵·채집 사회가 아주 오랜 세월에 걸쳐 계급으로 나뉘고 여성이 종속된 가족 형태에 기반을 둔 사회로 바뀐 과정을 서술했다. 핵심적으로 엥겔스는 그 과정을 불가피하거나 예정돼 있던 것으로 보지 않았다. 생산력 변화와 그것이 생산과 재생산에서 (대다수) 남성과 여성이 수행하던 각각의 역할에 미친 영향의 결과라

* 블레어피치상 1979년 인종차별 반대 집회에서 경찰에게 살해당한 교원노조 간부 블레어 피치를 기념해 교원노조가 만든 상이다. 매년 평등권 향상에 기여한 조합원에게 수여한다 — 옮긴이.

고 여겼다. [계급사회] 이전에 존재하던 소규모 유랑 사회나 초기 원예농업 사회(오늘날까지 이어지는 인류사의 90퍼센트 가까이 차지하는 사회)에서는 여성이 생산자와 의사 결정자로서 핵심적 구실을 했지만, 정착 농경 사회에서는 재생산 역할 때문에 육체적 힘을 더 많이 요구하는 생산 영역에서 배제됐다. 또한 이런 형태의 생산방식이 발전하자 겨우 먹고살던 것에서 벗어나 잉여가 생겼고 이런 잉여가 서서히 남성 중 소수의 수중에 집중됐다.

크리스 하먼은 생물학적 요소와 사회적 요소의 관계를 다음과 같이 설명했다.

> 생물학적 특성과 사회적 필요의 상호작용이 분업에서 나타난 변화의 바탕이다. 어느 사회든 유지되려면 다음 세대가 재생산돼야 한다. 그러나 재생산의 규모, 즉 여성이 아이를 몇 명 낳을지는 [사회마다] 매우 다르다. … 농업 사회에서는 아이 한 명이 태어나면 잠재적 경작자가 추가되는 셈이며, [그 사회에는] 높은 사망률과 전염병에 대한 취약함, 끝없는 전쟁으로 말미암은 [인명] 손실에 대비할 필요가 있다. … 여성이 위험할 수 있는 활동(즉 전쟁, 장거리 이동, 농사일 중 육체적 힘이 많이 쓰이는 것 등)에 참여하지 않는 편이 (여성을 포함한) 사회 전체에 이익이었다.

뒤이어 하먼은 이런 과정이 계급의 등장과 어떻게 연관되는지 서술한다.

> 새로운 방식의 생산 활동에서 부담을 짊어진 대다수 남성은 지배계급에 속하지 않았다. 쟁기질을 하는 남성 중 왕자가 되는 이는 극소수에 불과했고, 병사 중 군 지도자가 되는 이 또한 극소수였다. 그들 중 아무도 사제가 되지 못했다. 사제는 흔히 최초의 지배계급이었고 어떤 종류의 중노동에도 결코 참여하지 않았다. 그러나 새로운 생산방식은 혈통을 기반으로 한 공동체를 허물어뜨렸다. … 이런 공동체가 허물어진 자리에 계급과 국가가 등장하고 남성이 잉여[생산물]의 주된 생산자가 되자, 하층계급에서도 남성의 우세가 자연스럽게 형성됐다.[8]

핵심적으로 생산력과 생산관계가 발전하면서 이러저러한 방식으로 계속해서 생물학적 요인이 여성의 지위 변화와 여성 차별의 등장에 영향을 미치게 됐다. 생산력과 가족 구조의 관계는 기계적이지 않다. 각각의 새 형태는 옛 형태를 바탕으로 형성되며, 대립하는 계급들 사이에서 벌어지는 투쟁의 영향도 받는다.

로라 마일스는 생산력에 또 한 번 거대한 변화가 일어난 산업혁명기에 핵가족이 등장하고 성 역할이 더 엄격하게 부과되는 과정에서 트랜스젠더 차별이 발생했다고 밝힌다.[9] 남성뿐 아니라 여성과 아이도 새롭게 등장한 공장으로 빨려 들어가 끔찍한 노동조건 속에서 일해야 했고 이 때문에 유아 사망률이 급격히 상승했다. 지배계급은 미래의 노동력을 안정적으로 공급받아야 할 필요가 있었는데, 일부 지배계급이 보기로는 그 필요가 위협받고 있었다. 린지 저먼이 설명하듯이, "이런 상황 때문에 [여성] 보호법과 가족 임금을 요구하는 목소리가 나왔다. 이 요구는 자본주의의 필요가 변화한 사정에 맞아떨어지는 것이었지만, 동시에 더 나은 생활수준, 더 안전한 임신과 출산, 자녀의 건강, 더 청결한 집을 바라는 노동계급 남녀의 실질적 관심사에도 부합하는 면이 있었다."[10] 노동계급의 현실은 부르주아와 매우 달랐는데도 부르주아 가족을 본뜬 노동계급 핵가족이 만들어졌다. 그러나 가족 임금은 가족이 먹고살 만큼 충분하지 않았으므로, 현실에서는 많은 여성이 육아의 책임을 짊어진 채 적은 돈이라도 벌기 위해 (흔히 집에서 할 수 있는) 일을 했다.

새 가족 형태를 강화하기 위해 종교 지도자와 입법자가 나서서 여성과 남성이 가정 안에서 각자의 역할을 받아들이도록 했다. 성에 대한 통제가 한층 엄격해졌다. 동성애 등 '일탈' 행위를 더 철저하게 금지했다. 이런 맥락에서 오스카 와일드가 1885년 개정 형법에 규정된 '추잡한 성적 비행' 혐의로 기소되는 유명한 사건이 벌어졌다.

여성은 연약하고 감정적이며 돌봄을 책임지는 존재로, 남성은 강인하고 똑똑하며 생계를 책임지는 존재로 그려졌다. 현대 기술이 발전하고 대중 시장이 성장하고 미디어가 발달하면서, 이런 성 역할 이야기가 소나기처럼 쏟아졌다. 갓난아이에게 [성별에 따라] 분홍색 아니면 파란색을 입히라고 옷을 판매하거나, 백화점 장난감 코너를 남자아이용과 여자아이용으로 나누는 식으로 말이다. 이런 성별 고정관념은 여전히 강력하다. 여성의 삶과 기회와 기대가 특히 지난 50년 동안 많이 변했는데도 말이다. 또한 성별 고정관념은 여성이나 타고난 성별에 맞지 않게 행동하는 사람이 차별받는 조건을 형성하고 그 차별을 정당화하는 것을 돕는다. 아빠뿐 아니라 엄마도 성별 규범을 강화한다. 다른 선택지가 없는 상황에서는, 핵가족 제도와 그 안에서 각 구성원에게 부과되는 요구는 자연스럽고 이견을 제기하기 어려운 것처럼 보인다.

이렇듯 여성 차별과 트랜스젠더 차별은 떼려야 뗄 수 없이 얽혀 있고, 이는 핵가족을 바탕으로 하지 않는 더 자유로운 사회를 건설하기 위한 단결의 근거가 된다.

성, 젠더, 성별 정체성

오늘날 성별 정체성을 둘러싼 논쟁에서는 생물학·환경·사회의 상호작용 문제가 자주 등장한다.

흔히 성과 젠더의 차이를 설명할 때 "성은 생물학적인 것이고 젠더는 사회적으로 구성된다"고 한다. 이런 구분은 사람들이 남성적·여성적 행동 규범을 받아들일 때 사회적 요인이 크게 작용한다는 것을 강조한다. 그러나 이런 정식은 생물학적 요소와 사회적 요소를 칼같이 나누는 잘못된 견해에 근거하고 있다. 이미 30년 전에 마르크스주의 생물학자인 스티븐 로즈, 리처드 르원틴, 리언 카민은 그런 이분법을 반박했다. "유기체와 환경의 관계는 단순히 내적 요인과 외적 요인의 상호작용이 아니다. 유기체와 그 주변 환경은 서로 반응하며 변증법적으로 발전한다. … 모든 인간 현상은 사회적인 동시에 생물학적이다."[11]

페미니스트가 사회구성주의라는 이론을 흔히 사용하자 트랜스젠더 권리 활동가는 그 대안으로 "성은 생물학적인 것이고 젠더는 정신적인 것"이라는 주장을 펼치기도 하는데, 이 때문에 트랜스젠더 이론가가 남녀의 뇌가 다르다고 생각한다는 오해를 불러일으킬 수 있다(일부는 이런 생각을 받아들이고 일부는 그러지 않는다). 이런 상황에서 일부 페미니스트는 (옳게도 남녀의 뇌 구조가 다르다는 이론을 비판하지만) 성별 정체성 자체를 부정하는 데로 나아간다.

남녀의 뇌 구조가 다르다는 견해를 비판하는 주장은 잘 확립돼 있다. 코델리아 파인의 최신작 《테스토스테론 렉스》는 남성 호르몬이 남성적 뇌 구조와 행동을 낳는다는 식의 생물학적 환원론을 완전히 허물어뜨리는 훌륭한 책이다.[12] 다프나 조엘과 동료 과학자들은 다음과 같이 결론짓는다.

> 성·젠더에 따라 뇌 구조가 일부 다르지만 인간의 뇌는 [매우 복잡해서] 전형적 남성 뇌와 전형적 여성 뇌로 양분되지 않고, 양극단에 '남성 뇌와 여성 뇌'가 있는 연속체인 것도 아니다. … 우리는 인간의 뇌가 전형적 남성 뇌와 전형적 여성 뇌로 양분된다는 사고에서 벗어나, 다양한 특징이 모자이크처럼 조합된 인간 뇌의 가변성을 인정해야 한다.[13]

'젠더'라는 단어가 다양한 뜻으로 사용된다는 점을 유의해야 한다. 페미니스트 데버라 캐머런은 젠더의 한 의미는 "성별에 따라 부여되는 사회적 지위"이고 또 다른 의미는 "뇌와 연계된 선천적 정체성"이라고 설명한다. 캐머런은 이런 차이가 각기 다른 개념 체계들에 내재한 갈등의 근원이라고 밝힌다. 즉, "[어느 체계는] '젠더'의 기초가 생물학적인 반면, [또 다른 체계의] 결정적 특징은 그 기초가 생물학적이지 않다는 것이다."[14] 캐머런이 내놓은 해결책은 젠더라는 단어를 사용하지 말자는 것이다. 젠더 분류가 중요하지 않은 세상을 바라는 캐머런에게 공감하지만, 사회주의자는 그 분류가 구체적으로 제기되는 투쟁에 개입할 의무가 있다. 성별인정법 개정 논쟁의 맥락에서는 사회의 성별 규범이나 성별 뇌 구조와 동일시하지 않고도 성별 정체성이 존재할 수 있음을 인정하는 게 중요하다.

페미니스트 저술가 세라 디텀은 "사회에서 받아들여지는 성 역할과 완전히 분리되고, 누구에게나 있지만 소수만 자각하고, 그것의 최종 결정을 개인이 내리는 성별 정체성" 같은 게 존재할 수 있다는 주장은 "기이하다"고 일축한다.[15] 디텀은 트랜스젠더 정체성이 성적 페티시이거나, 트라우마에 대한 반응이거나, 자폐증에서 기인한 생각의 오류인 양 묘사한다. 디텀은 "동성애를 대하는 반응"도 트랜스젠더를 유발하는 잠재적 요인에 포함하는데, 이는 영국에서 동성애자보다 트랜스젠더가 커밍아웃할 때 더 큰 수모와 차별을 받는다는 현실을 무시하는 것이다.

트랜스페미니스트 샘 호프는 디텀의 주장을 반박하며 다음과 같이 썼다. "디텀이 절대 고려하지 않는 점이 하나 있다. 여성과 남성은 신경 체계, 염색체, 호르몬, 사회적 경험이 복잡하고 미묘하게 다르고 이 때문에 문화를 수용하고 경험하고 문화와 상호작용하는 방식이 다양하지만, 그럼에도 남성과 여성은 근본에서 다르지 않다는 점이다."[16] 다시 말해, 성별 정체성은 사회에서 받아들여지는 성 역할과 "완전히 분리"될 수 없지만 그것으로 환원될 수도 없는 것이다.

브라운대학교의 명예교수 앤 파우스토스털링은 스스로 '역동 체계'라 이름 붙인 방법을 사용해 젠더 문제를 이해하려 한다. 파우스토스털링은 로즈, 르원틴, 카민의 주장을 이어받아 다음과 같이 주장한다. "나는 성과 젠더가 모두 어느 정도는 사회적 구성물이라고 생각한다. 그렇지만 둘 모두 신체에서 발생하는 것이므로 동시에 생물학적인 것이기도 하다."[17] 파우스토스털링의 연구는 대부분 간성을 다루는데, 간성은 트랜스젠더와 다르다. 간성은 생식기로 성별을 가늠하기 힘들거나, 염색체·생식선·내분비에 따른 성별 표식들이 서로 어긋나는 성이다. 간성으로 태어난 사람에게는 신체적 요인과 사회적 요인 둘 모두가 출생증명서에 어떤 성별을 기재할지의 문제에 분명하게 영향을 미친다.[18] 특히 미국에서는 출생시 성별 지정을 어찌나 중요하게 여기는지 의사들이 출생증명서에 '남자아이' 혹은 '여자아이'라고 명확히 구분해 기록하도록 [성별 지정에] 주저 없이 개입하기 일쑤다.[19]

대다수 사람들이 생물학적 성에 미치는 사회적 영향을 인식하기란 어려운 일이다. 그러나 [인간의] 성별 특징은 다양해서, 단순히 성기를 관찰하는 것으로는 불충분하다. 그러니, 성기를 기준으로 출생증명서에 성별을 기재하고 그 기록을 평생 그 사람을 정의하는 기준으로 삼는 결정은 분명 논란의 여지가 있다.

상황을 복잡하게 만드는 한 요인은 신체 외부로 드러난 성기가 유일한 성별 특징이 아니라는 점이다. 염색체, 호르몬, 재생산에 관련된 장기, 2차 성징 등도 있다. 이런 성별 특징들이 언제나 성별 이분법에 딱 들어맞을까? 파인은 성별을 이루는 유전적 요소와 호르몬 요소가 재생산 계통의 장기에 미치는 영향을 단순하게 이해하지 말라고 경고한다. "한 전문가는 재생산 장기의 발달 과정조차 이분법 체계가 아닌 '균형'이라 묘사했다."[20] 파인이 인용한 논문에는 70세 남성 사례가 나오는데, 네 아이를 둔 그는 탈장 수술을 받다 자신에게 자궁이 있다는 사실을 알게 됐다. 캘리포니아대학교 로스앤젤레스캠퍼스에서 성별 차이를 연구하는 아서 아널드는 다음과 같이 말한다. "[남성과 여성을] 엄격히 구분하는 이분법의 주된 문제점은 이런 이분법에 맞지 않는 사례가 존재한다는 사실이고, 이런 사실을 보면 남녀의 구분선이 정확히 무엇인지 반문할 수밖에 없다. 성은 다양하게 정의될 수 있기 때문에 이런 문제는 대체로 매우 까다롭다."[21]

캘리포니아대학교 로스앤젤레스캠퍼스의 '젠더 기반 생물학 센터'를 총괄하는 에릭 빌렌은 성별 특징들이 충돌할 때 성별을 어떻게 규정할 것이냐는 물음에 다음과 같이 답했다. "[성별을 결정하는 데서] 다른 모든 지표를 뛰어넘는 단 하나의 생물학적 지표가 존재하지 않으므로 … 성별 정체성이 가장 합리적인 지표라는 생각이 든다." 다시 말해, 그가 내린 결론은 누군가의 성별이 궁금하면 그냥 그 사람에게 물어보라는 것이다.[22]

트랜스젠더에 비판적인 페미니스트의 대다수도 간성으로 태어난 사람이 자신의 성별을 스스로 정해야 한다는 생각에는 동의할 것이다. 간성은 매우 소수라며 그다지 중요하게 여기지 않겠지만 말이다. 빌렌은 자신의 연구에서 [간성보다] 더 광범한 개념인 '성 분화 이상DSD'이라는 개념을 사용했는데, 이에 해당하는 사람이 100명당 1명이라고 했다. 이런 사람들에게 성별 자기 결정권을 허용할 수 있다면, 성별 구분이 더 분명한 성기를 지닌 나머지 99퍼센트에게는 왜 허용할 수 없을까?

마르크스주의는 생물학이 우리의 운명을 결정한다는 생각을 거부한다. 역사유물론은 여성 차별과 (그 후에) 트랜스젠더 차별이 특정한 역사적 조건에서 등장하고 발전했음을 강조한다. 역사유물론은 생물학적 요인과 사회적 요인의 상호작용을 포착할 수 있도록 해 준다. 핵심은 트랜스젠더가 왜 존재하는지 묻는 것이 아니라, 트랜스젠더의 성별 자기 결정권을 무조건 지지하는 것이다.

생물학이 성별 정체성에 미치는 영향력이 무엇이든, 사회적 요인이 미치는 영향력은 심대하다. 출생증명서에 남자아이 또는 여자아이라고 적히는 순간 온갖 사회적 요소가 개입하기 시작한다. 아기의 성별을 알자마자 (심지어 배 속 아기의 성별을 알자마자) 부모는 [그에 맞춰] 아기 방을 도배하고 아기 옷을 사기 시작한다. 아기 용품을 분홍색 아니면 파란색으로 구입하기를 거부하려 애쓰는 부모들조차 걸음마를 배우기 시작한 아이가 사회와 의미 있는 상호작용을 시작하면 그런 노력이 물거품이 된다는 사실을 깨닫는다. 주디스 오어는 "심지어 세 살배기도 성별에 걸맞게 행동해야 한다는 압력에 반응하는데, 이런 압력은 성

인뿐 아니라 또래 아이들한테서도 온다는 연구 결과가 있다"고[23] 소개한다. 《사이언티픽 아메리칸》에 실린 최근 연구 결과도 이를 뒷받침한다. 흥미롭게도 이 연구는 트랜스젠더 아이의 성별 정체성이 시스젠더 아이의 성별 정체성과 마찬가지로 지속적이라는 점을 보여 준다.[24]

파우스토스털링은 여러 연구를 인용해 다음과 같이 제안한다. "상당히 다양한 환경적·문화적 차이가 젠더 분화에서 나타나는 소소한 개인차를 만들어 낸다. 그렇지만 우리가 싫더라도 인정해야만 하는 진실은 수많은 요인이 수없이 다양한 방식으로 상호작용하기 때문에, 젠더 분화에 대해 단 하나의 가설을 세우기가 불가능하다는 점이다."[25] 파우스토스털링은 "염색체·생식선·호르몬·성기가 가리키는 성별이 신체 이미지와 성별 정체성과 일치하지 않는 상황을 이해하기 위한" 연구가 더 필요하다고 주장한다. 그런 불일치 현상은 흔히 성별 위화감이라 불리는데, 현재로서는 이것이 실제로 존재하며 확인된 사실이라는 점을 강조하는 것이 중요하다.

트랜스젠더 활동가이자 생물학자인 줄리아 세라노는 자신이 느끼는 성별 위화감을 "인지 부조화"와 "본래의 성향"이라는 말을 사용해 표현하며 다음과 같이 덧붙인다. "나는 [성별 위화감을] 순전히 생물학적 현상으로 정의하고 싶지는 않다. 각 개인이 본래의 성향을 해석하는 과정에 사회적 요소가 분명히 개입하기 때문이다."[26] 마일스도 성별 정체성에 관해 비슷하게 주장한다. "트랜스젠더는 편협한 성별 이분법에 저항하려는 성향이 강한데, 이것은 성별 정체성이 고정불변까지는 아니더라도 인간 내면에 깊숙이 뿌리내리고 있음을 보여 준다. 그렇지 않다면, 트랜스젠더는 성별 이분법을 벗어난 행동과 정체성을 버리고 사회화될 수 있을 것이다."[27]

성별 정체성의 존재를 부정하고 사회적으로 구성된 젠더라는 개념만을 받아들이는 페미니스트는 (특히 어린아이의) 다양한 젠더 표현을 단순히 성별 고정관념을 거스르는 놀이일 뿐이라고 일축한다. 어린아이가 성 역할을 거스르는 행동을 하는 경우는 사실 꽤나 흔하고, 사회주의자라면 누구나 이를 장려할 것이다. 남자아이가 인형을 가지고 놀기도 하고, 트럭을 몰고 싶어 하는 여자아이도 있다. 수많은 사회적 압력에도 불구하고, 일부 사람들은 [성별] 고정관념을 거슬러 직업을 선택할 것이고 성별 규범에 벗어난 옷을 입고 행동을 할 것이다. 우리는 드레스를 입고 화장을 한 채 공식 석상에 나타나는 그레이슨 페리 같은 인물에 익숙하고 권투 선수 니컬라 애덤스는 젊은 여성에게 여성성의 대안적 모델을 제시했다. 사회주의자는 성별 고정관념에 도전하려는 노력을 지지하고, 여자아이가 스스럼없이 자기 주장을 펼치고 남자아이가 감정에 더 솔직할 수 있는 현실을 만들기 위해 적극적으로 노력한다. 그러나 이로부터 성별 정체성 때문에 괴로

워하는 아이의 경험이 진짜가 아니라는 결론을 이끌어 내는 것은 완전히 잘못이다.

예를 들어, [분리주의 페미니스트이고 레즈비언인] 줄리 빈델은 성별 위화감을 느끼는 청소년이 도움을 받으려면 수많은 장애물을 넘어야 하는 현실에 대해 완전한 무지를 드러내며 다음과 같이 썼다.

> 내가 오늘날 청소년이라면, 사람 좋은 진보 성향의 교사와 사회복지사는 십중팔구 내가 잘못된 몸에 갇혔다고 말할 것이다. 나를 정신과 의사에게 보내 호르몬제 등 약을 처방받도록 할 것이다. 그리고 끔찍하게도, 나는 성별 재지정 수술을 쉬이 권유받았을 것이다. … 내가 그저 여자아이에게 강요되는 분홍색을 싫어한다는 이유만으로 말이다.[28]

빈델은 잘 모르는 전통일지 몰라도, 교육 현장에서 사회주의자와 페미니스트는 성별 고정관념을 강요하는 담론에 맞서 진보적 교육과정을 쟁취하기 위해 함께 투쟁했다. [이런 노력을 외면하고] 대신 빈델은 학생의 성별 정체성을 진중하게 존중하는 교사가 학생을 세뇌시키고 망치고 있다고 주장한다. 이는 '진보적 교사'가 소위 동성애자 라이프스타일을 조장한다고 비난하는 것과 같은 주장이며, 이런 주장은 대처 정부하에서 제정된 지방정부법 28조라는 악몽으로 이어졌다. 당시 동성애자 교사와 학생은 자신의 성적 지향이 드러날까 봐 항상 공포에 떨며 살아야 했다.

성별 다양성을 드러내는 행동은 트랜스젠더 정체성과 같지 않다. 성별 규범에 벗어난 옷을 입고 행동을 하는 것만으로는 자신이 느끼는 심각한 괴리를 해소할 수 없는 사람들도 존재한다. 그들은 예를 들면 톰보이로 살아가려 애쓰겠지만, 자신의 몸과 출생 성별이 신체적으로 그리고/또는 정신적으로 낯설다고 끊임없이 느낀다. 파우스토스털링은 '젠더 정체성 클리닉GIS'에 찾아온 어린아이 중에서 이후 자신의 출생 성별에 따라 사회화하고 살아가는 사람과 그러지 않는 사람을 각각 '중단하는 집단'과 '지속하는 집단'으로 구분하고 그 차이점을 다음과 같이 묘사한다. "지속하는 집단은 청소년기에도 지속적으로 성별 위화감을 호소했다. 자신의 몸에서 일어나는 생리적 성숙 과정 때문에 극심한 괴로움을 느꼈다." 이어 두 집단 모두 6~7세에 이르면 자신의 출생 성별과 다른 성별에 일체감을 느끼기 시작하는데, "지속하는 집단은 자신의 성별이 출생 성별과 다르다고 실제로 믿는 반면" 중단하는 집단은 다른 성별이기를 바라는 것에 그친다고 말한다.[29]

청소년기와 성인기에도 여전히 성별 위화감을 느끼는 사람들에게는 자신의 정체성을 인정받도록 도와주는 각종 지원 서비스의 존재 여부가 행복하고 건강한 삶을 영위하기 위한 필수 요소다. 사회주의자는 이런 서비스에 충분한 재정을 지원하고 누구나 쉽게 이용할 수 있도록 하라는 요구를 지지해야 한다. 또한 민주적 기본권으로서, 모든 사람에게 자신의 몸에 대한 자율성이 있고 공문서에 자신을 어떻게 기재할지 결정할 권리가 있음을 지지해야 한다.

성별인정법과 자기 결정권

영국에서 2004년에 제정된 성별인정법은 트랜스젠더가 자신이 선택한 성별을 법적으로 인정받을 수 있도록 허용했다. 이 법에 따르면 트랜스젠더는 성전환 수술을 꼭 거치지 않아도 되지만, 수술을 받지 않은 사람은 성별 위화감에 대한 의료적 진단을 받아야 하고 변경하고자 하는 성별로 2년을 살아야만 출생증명서를 바꿀 수 있다. 법적 전환 이전에 사실상 의료적 질병으로 진단받아야 한다는 조항은 트랜스젠더에게 괴로움을 주는 요인이었다. '트랜스젠더 건강을 위한 세계 전문가 협회'가 의료 전문가들을 위해 내놓은 가이드라인에 명시하듯이, "트랜스섹슈얼, 트랜스젠더, 젠더 비순응은 질병이 아니라 다양성에 관한 사안이다."[30]

의료 서비스를 받기 위한 절차는 지난하고 많은 스트레스를 야기하는 과정이 될 수 있다. "(필수로 요구되는 정신과 진단과 소견서를 받은 뒤) '젠더 정체성 클리닉'에서 첫 상담을 받기 위해 기다려야 하는 고통스러운 대기 기간은 최대 1년이 될 수 있다. 호르몬 치료와 수술을 받기 위한 대기 기간은 더 길어 1~5년이 되기도 한다."[31]

의회 '여성·평등 특별위원회'가 내놓은 권고안에 따라 영국 정부는 아일랜드 성별인정법(2015년) 등 다른 나라의 최신 법안과 견줄 만한 법안을 만들기 위해 여러 개정안을 검토 중이다. 권고안은 성별 이분법을 벗어난 제3의 성별 항목을 추가할 가능성을 열어 두고 있으나, 트랜스젠더가 자기 결정으로 출생증명서를 변경할 수 있도록 하는 안이 대부분의 논쟁을 야기했다.[32] 예를 들어, 일부 페미니스트는 이런 안이 통과되면 여성이라는 개념이 사회에서 사라질 것이라거나 여성에 대한 통계 집계가 불가능해질 것이라는 식의 종말론적 주장을 폈다. 영국 교원노조에서 활동하는 유명한 페미니스트는 〈모닝 스타〉에 다음과 같이 썼다.

> 자신의 '젠더'를 스스로 정할 수 있게 되면 '성'의 법률적 의미가 흔들릴 것이고 그러면 여성이, 그리고 성차별과 천대에 맞선 여성의 저항 능력이 심각한 영향을 받을 수 있다. 사회가 구성원의 필요를 충족시키기 위해 내놓는 계획을 실행할 능력과 불평등을 완화하기 위해 하는 노력도 타격을 입을 수 있다.[33]

그러나 관련 수치를 살펴보면 이런 주장은 신뢰하기 어렵다. 2015년 제정된 아일랜드의 성별인정법은 성별 자기 결정권을 허용한다. 2017년 초 아일랜드 정부 발표에 따르면 아일랜드 인구 약 500만 명 중 240명이 절차에 따라 성별 인증서를 발급받았다.[34] 이런 수치가 성별 불평등 데이터에 통계적으로 의미 있는 영향을 미치는 수준으로 늘어난다면 우리는 아주 흥미로운 시대에 살고 있는 셈일 것이다. [그러나] 지금까지 대다수 기구는 별다른 어려움 없이 평등 모니터 방식을 수정해 트랜스젠더 인구를 포함시켰다.

물론 성별 불평등을 관찰하고 이를 해결하기 위해 자원을 알맞게 배분하는 계획에서 통계 수치는 핵심 요소일 수 있다. 영국에서는 출생 성별을 포함해 출생에 관련된 중요한 기록이 수집되고 있다. 그렇지만 출생증명서를 출생 성별이 아니라 성별 정체성과 일치하도록 기록하지 못할 이유는 없다. 트랜스젠더가 출생증명서를 신분증으로 사용하는 순간 '아웃팅'당하는 일이 벌어져서는 안 된다. 다시 한 번 강조하건대, 영국의 트랜스젠더들이 2004년부터 출생증명서에 기재된 성별을 바꾸고 있지만 그렇다고 하늘이 무너지지는 않았다. 제안된 개정안은 성별 정정을 조금 더 쉽게 만들 뿐이다.

성별 자기 결정권에 반대하는 주장의 이면에는 더 근본적인 반감이 깔려 있는데, 남성으로 살아온 누군가가 여성으로 살아

갈 수는 없다는 것이다(그 사람이 여성으로 전환하기 위해 어떤 과정을 거쳤든지 간에 말이다). 예를 들어, 남녀 대립적 페미니스트 실라 제프리스는 영국의 [보수당] 정치인 노먼 테빗의 견해를 지지한다. 테빗은 2003년 12월 성별인정법 제정에 반대하며 다음과 같이 말했다. "인간의 성별을 바꿀 수 있는 법률이나 알려진 의료 행위는 존재하지 않는다. 그러므로 이 법안은 … 불쾌한 어릿광대짓에 불과하다."[35]

물론 어떤 성기를 지니고 태어났는지 그 사실 자체를 바꿀 수는 없다. 그러나 패디 매퀸이 쓰듯이, "타고난 성별이 왜 성인이 돼서까지의 성별 정체성을 결정하는 최종 요소인지는 해명이 필요하다. 특히 우리가 지닌 다른 정체성의 많은 측면이 시간이 지나면서 바뀔 수 있다는 점을 인정하는 시대에 말이다."[36]

트랜스 여성을 부정하는 일부 페미니스트 주장의 핵심에는 '여성'이라는 범주에 누가 속할 것인가 하는 문제가 있다. 질을 가지고 태어난 사람으로 여성을 한정한다면, 트랜스 여성은 결코 여성일 수 없을 것이다. 이런 주장은 동어반복에 불과하다. 우리는 이 범주에 포함되는 것이 어떤 의미를 가지는지 좀 더 넓은 시야에서, 트랜스젠더에게 진정한 연대를 보낸다는 정치적 관점에서 살펴볼 필요가 있다. 자본주의 이전에 존재한 여러 사회에서는 남성이나 여성으로 태어난 사람이 자신의 출생 성별과 반대되는 성별로 자라고 살아가는 것이 허용됐다는 사실을 보여 주는 예가 아주 많다. 일부 아메리카 원주민 사회에 존재한 '두 영혼의 사람'이 한 예다(일부 부족은 젠더가 셋이나 넷 이상 존재한다고 여겼다).[37]

여성운동은 여성을 걸어 다니는 자궁 취급하는 주장에 맞서 오랫동안 싸웠다. 여성을 애 낳는 도구로 폄하하려는 시도는 주로 우파와, 여성의 근본 역할은 애를 낳아 기르는 것이고 남성은 부양자라고 주장하는 자들이 벌인다. 예를 들어, 2013년 프란치스코 교황은 "모든 사람이 자신의 성별을 스스로 선택할 수 있다"는 생각을 젠더 이론이라 부르며, 이는 신의 천지창조를 "정면으로 거스르는" 것이라고 말했다.[38] 그런데 일부 페미니스트가 이런 종류의 생물학적 환원론을 강화하고 있는 것이다.

모든 페미니스트가 '여성'이라는 범주를 생물학적 기준으로만 설정해야 한다고 생각하지는 않는다. 일부 페미니스트는 트랜스 여성이 여성운동에 무언가 기여할 수 있다고 인정하기까지 한다. 남녀 대립적 페미니스트의 아이콘으로 여겨지는 캐서린 매키넌은 2015년에 다음과 같이 말했다. "여성이 되기 위해서는 여성의 지위로 살아 볼 필요가 있다. 트랜스 여성은 이미 그런 삶을 살고 있고, 내 경험에 비춰 보건대 그들의 존재는 또한 여성으로서 삶에 귀중한 관점을 더해 준다."[39]

반면, 세라 디텀은 트랜스 여성인 알렉스 드러먼드를 남성이라 칭하고 특히 그녀가 수염을 기른다는 사실에 아연실색한다.[40] 드러먼드는 수염이 자라는 것을 멈추게 할 호르몬 요법이나 성전환 수술을 원하지 않았다고 말하며, 자신이 여성이 된다는 것의 "의미를 넓히는" 구실을 한다고 주장한다.[41] 하남 커는 시스젠더 여성인데 수염이 난다는 이유로 어린 시절에 괴롭힘을 당했다.[42] 이 둘은 각기 다른 이유로 얼굴에 난 털을 깎는 행위를 거부했다. 트랜스 여성은 말쑥하게 면도를 하고 여성스러운 이목구비를 드러내야 한다는 주장은 그 어떤 여성에게도 해방감을 주지 않을 것이다.

여성이 되려면 여자아이로 자란 경험이 필수적이라고 주장하는 사람도 있을 것이다. 그들은 트랜스 여성은 "여성이 아니다. 그들은 여성으로 취급되는 것이 무엇인지 모른다. 그들은 여성이 살아가며 겪는 차별과 두려움을 완전히 이해할 수 없다"고[43] 주장한다. 일부 트랜스 여성이 여자아이로 성장했다는 명백한 사실을 잠시 제쳐 두면, 트랜스 여성과 시스 여성이 성장 과정에서 겪는 경험이 다르다는 것을 부인할 수 없다. 그렇지만 최근 샐리 캠벨이 주장했듯이,

> 물론 남자아이로 자란 사람과 여자아이로 자란 사람은 경험이 다르겠지만 그것이 얼마나 중요할까? 인도의 여자아이와 스웨덴의 여자아이의 경험은 다를 것이다. 가난한 집에서 자란 남자아이와 [영국 왕위 계승 서열 2위인] 조지 왕자의 경험은 완전히 다를 것이

> 다. 트랜스젠더는 성별 전환[이 법적으로 완료되기] 전까지 끊임없이 다른 성별로 불리는 고통을 겪을 것이다. 성별 전환 이후에는 자신이 원하는 성별로 인식되거나(이 경우 트랜스 여성은 여성 차별에 직면할 것이다) … 트랜스젠더로 인식돼 더 끔찍한 차별에 직면할 것이다.[44]

여성성을 상징하는 일정한 경험을 찾으려는 수렁에 빠지는 순간, 모든 여성의 경험이 다르고 변화무쌍하다는 사실에 맞닥뜨리게 된다. BBC 라디오 채널 4의 프로그램 〈여성의 시간〉의 진행자 제니 머리는 최근 〈타임스〉에 '진짜' 여성과 트랜스 여성이 어떻게 다른지를 규명하려는 글을 썼다. 머리는 자신이 만난 트랜스 여성을 사례로 들었다.

> 그 트랜스 여성은 털이 숭숭 난 여성의 다리를 "더럽다"고 묘사했다. 그러나 털이 무성한 남성의 다리는 아무도 더럽다고 생각하지 않는다. 그녀는 다리나 겨드랑이 제모 문제가 아주 오랫동안 여성들 사이에서 벌어진 논쟁의 주제였다는 사실을 알고나 있을까? 그리고 털을 깎지 않기로 결정한 여성을 더럽다고 묘사하는 것이 얼마나 모욕적이고 성 정치학에 무지함을 드러내는 것인지 알까?[45]

제모에 관한 머리의 견해를 공유하는 것이 자매애의 전제 조건이 돼서는 안 된다. 그런 기준을 따르면 대다수 시스젠더 여성도 배제돼야 할 것이며, 모든 트랜스 여성이 체모에 관해 견해가 진보적일 것이라는 기대 또한 부당하다.

캐나다인 힐라 커너는 성전환 수술을 받은 트랜스 여성이 강간 피해자 상담사로 자원하는 것을 반대했다. 트랜스 여성은 그것에 적합한 인생 경험이 없기 때문이라는 이유에서였는데, 커너는 자기 생각을 다음과 같이 정당화했다. "우리는 갑자기 시작한 생리로 옷에 피가 묻었을 때 느끼는 당혹감, 원하지 않는 임신을 할 수 있다는 불안감, 강간당할 수 있다는 두려움이 무엇인지 안다. 우리는 또한 다른 여성과 함께할 때 느끼는 위로감이 무엇인지 안다."[46] 물론 이 모든 것을 경험한 여성이 많지만 그러지 않은 여성도 많다. 또한 커너가 언급한 마지막 두 가지는 수많은 트랜스 여성도 경험한다. 어떤 경우든, 훌륭한 상담가가 되려면 상담 대상자와 동일한 인생 경험을 해야 한다는 주장은 참이 아니다.

트랜스젠더에 비판적인 페미니스트가 사회에서 이미 여성으로 '통하는'(여성으로 인식되는) 트랜스 여성을 어떻게 시스젠더 여성과 구분할 수 있을까? 출생 당시의 성기 모양이 어땠는지 묻는 것 외에 어떤 테스트를 고안할 수 있단 말인가? 그런데 그 질문이 낳을 실질적 결과는 누군가의 과거(십중팔구 괴로운 기억으로 가득할 과거)를 계속 떠올리게 하는 것뿐이다. 여기서 발생하는 역설은 여성으로 '통하는' 트랜스 여성은 받아들여지고 그러지 못하는 트랜스 여성은 배제된다는 것이고, 그러면 최상의 의학적 도움을 받을 만한 재력이 있거나 흔히 여성적이라 여겨지는 이목구비를 갖춘 트랜스 여성은 이득을 누리게 된다는 것이다.

흥미롭게도, 논쟁이 진행되면서 일부 페미니스트는 자신의 기존 견해를 바꿨다. 주디스 버틀러는 자신의 초기 연구가 오해할 만한 여지가 있었고 트랜스젠더 문제에 더 관심을 기울였어야 한다고 인정하며, 지금은 트랜스젠더 권리를 지지한다.

> 《젠더 트러블》은 24년 전에 쓰인 책이고, 당시 나는 트랜스젠더 문제를 깊이 생각하지 못했다. 어떤 트랜스젠더들은 젠더가 수행되는 것이라는 내 주장이 마치 내가 젠더를 모두 허상으로 여기고, 이에 따라 젠더 정체성을 "실체가 없는" 것으로 여기는 주장이라고 봤다. 그것은 내가 의도한 바와 전혀 다르다.[47]

2015년 7월 《베니티 페어》가 케이틀린 제너를* 표지 기사로 신자 페미니스트 엘리너 버킷이 [트랜스젠더에] 비판적인 내용을 트

---

* 케이틀린 제너 미국의 전직 육상 선수로 1976년 올림픽 금메달리스트다. 2015년 4월 텔레비전 인터뷰에서 자신이 트랜스 여성임을 밝혔다 — 옮긴이.

위터에 잇따라 올렸고, 파우스토스털링은 이에 동의하며 버킷의 글을 공유했다. 나중에 트랜스젠더의 권리를 지지하는 사람들과 토론한 후, 파우스토스털링은 다음과 같이 썼다.

> 내가 공유한 버킷의 셋째 트위터에는 다음과 같이 쓰여 있다. "일생을 여성으로 살지 않은 사람들이 여성이 누구인지 정의하도록 놔둬서는 안 된다." 시간이 조금 흐르고 보니, 이런 주장에 대한 내 견해를 수정하는 것이 좋을 것 같다. 어느 누구도 여성을 규정하는 단 하나의 기준이나 견해를 정의할 권리가 없다. 시스 여성이든 트랜스 여성이든, 여성적인 여성이든 남성적인 여성이든, 그 중간 어디쯤 해당하는 여성이든 말이다. … 결론을 내리자면, 남성과 여성, 남성성과 여성성을 정의하는 방식은 다양할 수 있다. 그리고 많은 트랜스젠더는 우리가 인생을 살아가며 표현하는 젠더의 스펙트럼을 넓히는 데 선구적 구실을 한다.[48]

2013년 글로리아 스타이넘은 트랜스젠더에 비판적이던 자신의 초기 견해를 변경하며 다음과 같이 말했다.

> 나는 (성별 전환을 마친 이들을 포함해) 트랜스젠더가 실재하는 진짜 삶을 살고 있다고 생각한다. 그들의 삶은 의문의 대상이 아니라 축복의 대상이 돼야 한다. 그들은 스스로 건강에 관한 결정을

내릴 수 있어야 하고 그것은 오직 그들의 몫이어야 한다. 내가 수십 년 전에 쓴 내용은 오늘날 우리가 깨달은 것을 반영하지 못한다. 바로 오늘날 우리는 '남성성' 아니면 '여성성'이라는 편협한 이분법적 구분에서 벗어나 다양한 [성별] 정체성과 표현을 드러내며 살아가고 있다는 사실이다.[49]

페미니스트 소설가 치마만다 응고지 아디치에는 2017년 세계 여성축제에서 트랜스 여성은 "세상이 남성에게 부여하는 특권을 지니고 태어난다"고 말해 신문 지상에 오르내렸다. 나중에 아디치에는 "내가 트랜스 여성은 여성이 아니라고 말했다는 것은 전혀 사실이 아니다" 하고 분명히 밝혔다.[50] 안타깝게도 온라인에서 아디치에에게 쏟아진 부당한 비난 때문에 트랜스젠더에 비판적인 진영은 이런 중요한 발언을 못 들은 척할 수 있었다.

트랜스젠더에 비판적인 페미니스트는 모든 여성은 말할 것도 없고 모든 페미니스트를 대변하지도 않는다. 2013년 린 시걸, 니나 파워, 로리 페니, 제시카 발렌티, 레니 에도로지를 비롯한 페미니스트 700여 명이 트랜스젠더를 수용하는 페미니즘을 주장하는 국제 성명서를 발표했다. 성명서는 다음과 같이 명시한다. "우리는 성/성별 정체성의 다양한 구성을 인정하고 존중한다. 또한 트랜스 여성을 여성으로 인정하고 그들이 모든 여성 공간에 포함돼야 한다고 생각한다."[51]

이번 절은 블랙파워 운동의 활동가이자 사회주의 페미니스트인 앤절라 데이비스의 말을 인용하면서 마무리하겠다.

> 우리가 말하는 여성이란 과연 누구인가? 흔히 말하는 '여성'(백인 중간계급 여성)에서 배제돼 투쟁해야 했던 여성이 여성이라는 범주를 대변하는 집단이 된다면 그것은 마침내 우리가 진보를 이뤘다는 증거일 것이다. 예컨대, 폭력과 범산복합체에* 맞서 싸우는 흑인 트랜스 여성이 여성이라는 범주를 대변한다면 어떨까? [자신의 정체성을] 인정받기 위해, 생존을 위해, 자유를 위해 싸우는 사람들이 우리의 지향점을 상징하는 대변자가 될 수 없는 이유가 무어란 말인가?[52]

트랜스젠더에 비판적인 페미니즘

페미니즘이 트랜스 여성을 거부하는 것은 새로운 일이 아니다. 이런 주장은 적어도 재니스 레이먼드가 《트랜스섹슈얼 제국: 쉬메일의** 형성》을 쓴 1979년으로 거슬러 올라간다. 또 1991년부

---

* 범산복합체 앤절라 데이비스가 교도소 민영화가 낳는 문제를 비판하면서 사용한 용어다 — 옮긴이.

** 쉬메일 포르노 산업에서 유래한 용어로 트랜스 여성을 비하해서 부르는 말이다 — 옮긴이.

터 트랜스 여성은 여성의 참가만 허용하는 미국 '미시간 여성 음악 축제'에 참가하지 못했다. 트랜스젠더는 동성애자해방전선GLF의 탄생 배경인 1969년 스톤월 항쟁에서 핵심적 구실을 했는데도 성소수자 운동의 일부가 되기 위해 투쟁해야 했다.[53] 페미니즘 진영 내에서 트랜스젠더를 둘러싼 논쟁은 여전히 진행 중이며, 트랜스젠더 비판 측에는 남녀 대립적 페미니스트뿐 아니라 사회주의자도 일부 있다. 그들 주장의 저변에 깔린 이론적 문제를 다루기 전에, 가장 흔한 트랜스젠더 거부 주장을 반박하겠다.

트랜스 여성이 시스 여성에게 위험한 존재다?

"여성을 옹호하는 것이지 트랜스젠더를 반대하는 게 아니다" 하고 주장하는 일부 사회주의 페미니스트가 만든 웹사이트에는 다음과 같은 성명이 게재돼 있다.

> 우리는 여성의 권리와 자유에 심각한 우려를 표하는 (주로 영국인으로 이뤄진) 비공식 단체다. 여성의 독립성은 지난 세기보다 더 큰 위협에 직면해 있다. 현재 여성과 그 자녀는 그 위협에 고통받고 있다. … 가부장제가 여성에게 불리한 위치를 강제하고 남성의 폭력을 조장하는 한, 우리는 성별에 기반해 여성을 보호하고 지원하는 조치를 지지할 것이다. 이는 남성(그의 성별 정체성이나 표현이 무엇이든 간에)이 때때로 여성에게서 분리돼야 함을 의미한다.[54]

이런 주장은 트랜스 여성이 여성 전용 화장실과 쉼터를 이용하거나 여자 교도소에 수감되는 것에 반대하는 논리로 사용됐다. 특히 미국에서는 '화장실 법안'을 두고 많은 논쟁이 벌어졌는데, 트랜스젠더에 비판적인 페미니스트가 편견에 찌든 경찰 조직과 같은 편에 서곤 한다. 경찰이 여자 화장실에 폭력적으로 쳐들어가 남성처럼 보이는 시스 여성을 내쫓지 말란 법은 없다. 정말 그 남녀 대립적 페미니스트들은 스스로 젠더 경찰이 돼서 화장실 '출입 자격'을 일일이 결정하겠다는 것인가?

이 글에서 여성에 대한 폭력이라는 중요한 문제를 충분히 다룰 수는 없다. 그래도 한 가지만 지적하자면, 여성을 해할 목적으로 접근하는 남성은 굳이 여성인 척하며 여자 화장실을 비롯한 여성 전용 공간에 들어갈 필요가 없다는 것이다. 영국에서 매주 2명의 여성이 현재나 예전의 남성 파트너에게 살해당한다는 변함없는 통계는 이를 분명히 보여 준다.

2016년 4월 미국의 '성폭력과 가정 폭력 근절을 위한 전국 대책위원회'는 [250개가 넘는 관련 단체를 모아] 트랜스 여성을 여성 전용 공간에서 배제하자는 제안을 단호하게 비판하는 다음과 같은 성명서를 발표했다.

> [어떤 사람들은] 그 제안이 공공 안전을 위한 필수적 조처고 여성과 아이에 대한 성폭력을 예방하는 방법이라고 주장한다. 하루하루

성폭력 생존자들의 필요를 충족하고 사회에 만연한 성폭력과 가정 폭력을 근절하려 애쓰는 강간위기센터, 쉼터, 기타 서비스를 제공하는 단체인 우리는 우리의 경험과 전문 지식을 근거로 그런 주장이 틀렸다고 선언한다.[55]

출생 성별에 따라 화장실(이나 교도소)에 가도록 강제할 때 학대와 폭력의 대상이 되는 것은 오히려 트랜스 여성이다. 이것은 간단하게 해결할 수 있다. 사회주의자로서 우리는 공공장소가 폭력 위협에서 자유롭고 안전한 곳이 되도록 언제나 투쟁해야 한다. 내가 어릴 때, 공중화장실에는 화장실을 깨끗이 유지하고 안심하고 이용할 수 있도록 해 주는 친절한 관리자가 있었다. 더 좋고 안전한 공공서비스는 우리 모두에게 좋은 것이므로 시스 여성이든 트랜스 여성이든 모든 여성(과 남성)은 여성 쉼터를 지키기 위해, 더 나은 보건·의료 서비스를 위해, 더 안전한 거리를 위해 함께 싸워야 한다. 공공장소를 위험하게 만드는 것은 트랜스젠더가 아니라 정부의 긴축정책과 재정 삭감이다.

교도소도 마찬가지다. 물론 여자 교도소를 '안전한 공간'이라 여기긴 어렵지만 말이다. 모든 수감자는 젠더에 상관없이 위험 요소가 있는지 평가받고, 이에 따라 독거방에서 지낼지 혼거방에서 지낼지 결정돼야 한다. 누가 더 특별히 취약한 집단이네 아니네 지목할 필요는 없다. 그리고 남자 교도소에 수감된 트랜스 여성의 처지야말로 취약하다. 2015년 11월 남자 교도소에 수감된 이후 자살한 비키 톰프슨과 조앤 레이섬, 남자 교도소에서 성적 괴롭힘을 당한 타라 허드슨의 사례가 이 점을 잘 보여 준다. 그들은 모두 수감되기 전에 여러 해를 여성으로 살았다. 교도소에 수감된 여성이 직면하는 끔찍한 처우를 개선하기 위한 많은 논의가 필요하다. 트랜스 여성은 문제의 원인이 아니다. 그들을 낙인찍는 것은 해결책에 다가가는 것이 아니라 더 멀어지는 길이다.

트랜스 여성이 성별 고정관념을 강화한다?

줄리 버칠에 따르면 트랜스 여성은 "지독하리만큼 관습에 찌든 사람들이다. … 그들은 항상 화장을 하고 바지는 절대 안 입는 데다가 순종적 눈웃음을 친다."[56] 이런 말이 얼마나 모욕적인지는 제쳐 놓더라도, 남성에서 여성으로 전환한 트랜스젠더가 모두 성별 고정관념에 어울리는 여성적 면모를 보인다는 주장은 사실이 아니다. [영국에서] 성별 전환 절차를 밟으려면 트랜스젠더는 자신이 원하는 성별로 2년 동안 살아야 한다. 현대 자본주의 사회에서 트랜스 여성이 자신이 원하는 성별로 살아가고 있다는 것을 증명하려면, 원하든 원하지 않든 머리를 기르고 화장하는 것 외에 다른 방법이 없다. 화장기 없는 얼굴로 드레스를 입지 않고 '젠더 정체성 클리닉'에 찾아가면 필요한 지원의 제공이 연기될 위험이 있다. 성별 고정관념을 강화하는 것은 바로 이 체제이지 트랜스젠더가 아니다. 여성이 성별 고정관념과 상관없이 옷을 입을 권리는 여성이 원하면 통상적 의미의 여성 옷을 입을 권리가 있음을 의미한다는 것도 기억해야 한다. [무슬림] 여성의 히잡 착용 논쟁에도 유사한 구석이 있는데, [줄리 빈델 같은] 트랜스젠더에 비판적인 페미니스트로 유명한 인사가 자신이 트랜스 여성뿐 아니라 무슬림 여성에게도 무엇을 입으라 마라 할 수 있다고 여기는 것은 그리 놀라운 일이 아니다.[57]

사실, 트랜스젠더가 자신을 더 드러내고 자신감을 갖게 되고, '젠더 정체성 클리닉'이 경험을 더 쌓아 가면서, 트랜스젠더는 남녀의 외모와 행실에 대한 통상적 규범에 도전하는 다양한 정체성을 표현하고 있다. 이제 어떤 사람들은 자신을 논바이너리로,* 남성적 여성이나 여성적 남성으로 표현한다.

패디 매퀸이 지적하듯이, 트랜스젠더가 성별 고정관념을 따른다는 주장은 (경험적 증거도 없는 데다가) "트랜스젠더 개개인의 비판적 자아 성찰 능력과 주체성을 부정한다. … 이런 주장은 트랜스젠더의 실제 삶의 경험과 신념, 특히 그들의 복합성과 다양성을 보지 않고 그들을 하나같이 성별 고정관념에 찌들고 허황된 표현을 하는 무리로 묘사한다."[58]

---

* 논바이너리 이분법적 성별 규정을 벗어나 자신의 성별 정체성을 규정하는 사람.

물론 트랜스젠더도 [이 사회에 사는] 여느 사람들과 마찬가지로 성별 고정관념을 쉽게 받아들일 수 있다. 그렇지만 킴 카다시안이 모든 시스 여성을 대표하지 않듯이, 잡지 표지를 장식하는 케이틀린 제너가 모든 트랜스 여성을 대표하지 않는다.

트랜스젠더의 권리가 여성의 권리를 위협한다?

세라 디텀은 다음과 같이 주장한다. "놓치지 말아야 할 점은 모든 사람을 (출생 성별이나 전환 이후 인식되는 성별이 아니라) 성별 정체성에 따라 대하게 되면, 남성보다는 여성이 더 큰 부담을 지게 된다는 것이다."[59] 그러나 아일랜드의 경험은 여성의 권리가 축소되지 않는다는 것을 보여 준다. 트랜스젠더의 권리를 더 보장하는 법안이 통과된 이후, 임신 중단을 금지하는 헌법 조항을 폐지하려는 운동이 성장했다. 가톨릭교회의 반대를 뚫고 동성 결혼을 합법화하는 법안이 통과되기도 했다. 아일랜드인들은 동성 결혼 합법화 운동을 단지 성소수자 쟁점이 아니라 다른 쟁점들까지 포괄하는 운동으로 여겼고, 가족에 뿌리를 둔 성별 고정관념에 도전하는 많은 진보적 운동이 결집했다. 성별인정법이 통과됐을 때 이를 여성에 대한 위협으로 받아들이는 분위기가 없었던 것은 투쟁 과정에서 형성된 이런 단결 덕분인 듯하다. 북아일랜드에서도 비슷한 연대 정서가 분명히 존재했다. 한 트랜스 남성이 최근 벌어진 임신 중단 합법화 시위에서 연설했는데, 매우 큰 환호와 박수를 받았다. 이 임신 중단 합법화 집회의 구호인 여성의 선택권 보장, 보수당 반대, 민주연방당DUP* 반대는 사람들을 하나로 모으는 구실을 했다. 마르크스주의자는 차별받는 한 집단의 승리가 다른 집단의 승리를 고무할 수 있음을 분명하게 이해한다. 그렇지만 차별받는 사람들의 단결은 저절로 이뤄지지 않는다. 단결은 쟁취해야 한다.

안타깝게도 임신중단권 옹호 운동(특히 미국의)이 트랜스젠더 문제를 둘러싸고 날 선 논쟁이 벌어지는 장이 된 것은 사실이다. 일부 트랜스젠더 활동가는 임신중단권 옹호 운동이 "여성이 선택할 권리" 같은 구호를 폐기해야 한다고 주장했다. 이 구호가 임신할 수도 있는 트랜스젠더나 논바이너리를 [운동에서] 배제한다는 논리로 말이다. 이런 주장은 틀렸다. 임신중단권에 대한 공격은 근본적으로 여성에 대한 공격이고, 아이를 낳고 기르는 것이 여성의 사회적 구실이라는 관념을 강화하려는 시도이기 때문이다. 대다수 주요 임신중단권 옹호 단체는 분별력 있게 행동하기 때문에 "여성이 선택할 권리"라는 구호를 유지하면서도 다양한 집단을 포괄하려고 노력한다. 아일랜드의 임신중단권 옹

---

* 민주연방당 북아일랜드를 거점으로 하는 우파 정당으로 영연방 수호를 주장한다. 기후변화를 부정하며 동성 결혼을 반대하고 강간으로 인한 임신의 중단도 반대한다 — 옮긴이.

호 운동 웹사이트에는 다음과 같은 성명이 게시돼 있다. "이 문서에는 '여성'이라는 단어가 등장하지만, 우리는 여성, 트랜스 남성, 논바이너리를 포함해 모든 사람이 필요하거나 원할 때 임신을 중단할 수 있는 사회를 위해 투쟁한다."[60]

다른 많은 단체도 이렇게 합리적이고 포용적인 견해를 취한다. 여성이라는 개념이 사라지고 있다는 주장은 사실이 아니다. 그런 주장을 담은 선정적 신문 기사는 대부분 잘못된 정보에 기초한 것으로 드러났다. "엄마를 여성이라 부르지 말라는 거냐"고 호들갑을 떤 영국 보수 신문 〈선〉의 머리기사나* 인구조사에서 '여성'이라는 분류가 사라지고 있다는 〈데일리 메일〉의 기사가 그 예다.[61] 두 기사 모두 사실이 아닌 것으로 드러났지만, 실망스럽게도 일부 페미니스트는 소셜 미디어에 이 기사들을 공유하며 자신의 주장을 뒷받침하는 근거로 사용했다. 이런 기사들은 크리스마스가 사라지고 있다는 이슬람 혐오적 기사나 영국 전래동요 '검은 양'을 더는 부를 수 없다는 인종차별적 유언비어와 유사하다. 일부 좌파가 이런 낭설을 받아들이는 것은 안타까운 일이다.

---

* 〈선〉은 정부가 트랜스젠더 부모들에게 불쾌감을 주지 않으려고 '임신부'(pregnant woman)라는 용어의 사용을 금지하려 한다고 보도했다 — 옮긴이.

가부장제 이론과 정체성 정치

사회적으로 구성된 성별 기대와 한 개인의 자아를 반영한 성별 정체성을 구분하는 것은 중요하며, 둘 모두 실재하는 것이다. 일부 페미니스트는 전자를 여성 차별이 발생하고 유지되는 물질적 조건으로부터 분리된 생물학적 차이점에만 바탕을 두고 분석하는 실수를 저지른다. 일부 트랜스젠더·퀴어 활동가는 후자를 차별에 맞선 투쟁의 핵심 전장이라고 여긴다. 양쪽 모두 계급사회에 뿌리박은 문제의 근원을 보지 못한다.

트랜스젠더를 부인하는 주장을 펴는 여러 페미니스트의 공통점은 근본적으로 가부장제 이론을 받아들인다는 것이다. 그들은 마르크스주의를 차별을 충분히 설명할 수 없는 계급 환원론으로 치부하며 결국에 가서는 생물학에 기댄 설명을 내놓는다. 이에 따르면, 남성은 여성 차별에서 득을 보고, 남근을 달고 태어나는 사람은 여성을 차별하는 집단의 일부이며 잠재적으로 여성을 위협하는 존재다. 가부장제 이론가가 생각하기에, 여성이 차별받는 이유는 현대 자본주의 사회가 그 필요를 위해 가족에 의존하기 때문이 아니라 재생산 과정에서 여성이 하는 역할 자체 때문이다. 생물학이 차별에 대한 모든 사회적·역사적 설명에 앞서고, 남성은 여성 차별에서 득을 보거나 특권을 누리므로 여성 차별을 유지하는 데 이해관계가 있다는 것이다. 페미니스트

조앤 스캔런과 데버라 캐머런은 2010년 '런던 페미니스트 네트워크'가 개최한 '페미나'에서* 이런 견해의 전형을 보여 줬다. "젠더는 … 한 젠더(남성)는 경제적·정치적 권력을 쥐고 다른 젠더(여성)는 그러지 못하는 체제다. 또한 지배하는 집단은 그런 현상을 유지하는 데 이해관계가 있다."[62]

이런 시각에서 보면 여성 차별을 극복할 도리가 없다. 어렵사리 얻어 낸 여성 전용 공간을 보호하려는 이해할 만한 염원이(특히 이런 공간이 재정 삭감과 긴축으로 위협받는 상황에서는) 모든 것에 우선하는 동기가 될 수 있다. 지금까지 얻어 낸 작은 성과를 지키려는 투쟁에서는 눈에 보이는 위협에 과민하게 반응할 수 있고, 일부 사람들은 트랜스 여성을 이런 위협으로 잘못 묘사한다.

페미니즘 내에서 벌어지는 다른 논쟁과 마찬가지로, 이 주제를 둘러싸고도 다양한 견해가 있다. 예컨대, 마르크스주의 페미니스트 리즈 보걸은 계급사회가 여성 차별의 등장에 한몫했다고 본다. 또한 가부장제 이론을 거의 알지 못하지만 성차별에 반대한다는 것을 표현하려고 자신을 페미니스트로 칭하는 사람도 있을 것이다. 그러나 하나의 정치 경향으로서 페미니스트는 모두 여성만의 완전히 독자적인 투쟁이 필요하다거나, 여성의 권리를

* 페미나 페미니즘과 세미나의 합성어 — 옮긴이.

위한 투쟁이 계급투쟁과 동시에 벌어질 수 있지만 그로부터 독립적이어야 한다는 생각을 받아들인다.[63] 일부 페미니스트들은 (앞에서 살펴봤듯이 모두가 그러지는 않지만) 여성만의 독자적 투쟁이 필요하다면, 누가 진짜 '여성'인지를 유동적이거나 유연하지 않은 명확한 기준으로 정의해야 한다는 결론에 이를 것이다. 여성은 '질을 갖고 태어난' 사람으로 정의될 테고 이런 정의에서 벗어난 사람이 여성 전용 공간에 들어오는 것을 위협으로 여길 것이다.

페미니즘이 생물학을 지나치게 강조해 오류를 겪는다면, 일부 트랜스젠더 활동가는 자신의 [성별] 정체성 자체가 급진화를 부추기는 요인이자 투쟁의 기반이라고 [잘못] 생각한다. 트랜스젠더 이론은 여러 갈래의 정치에 의존하지만 가장 긴밀하게 연결된 것은 퀴어 이론이다. 퀴어 이론은 콜린 윌슨이 비판적으로 다룬 바 있다.[64] 퀴어 이론의 지지자들이 성소수자 공간의 상업화에 반대하고 '점잖은' 동성애 정치 주창자들보다 더 급진적인 대안을 요구하며 운동에 긍정적 기여를 한 것은 인정한다. 그렇지만 퀴어 이론은 집단적 계급투쟁이 잇따라 패배하는 상황을 배경으로 등장했다. 미셸 푸코의 이론에 기반을 둔 퀴어 이론은 권력을 사회의 계급적 본질이 아니라 온갖 종류의 작은 투쟁에서 찾는다. 특히 주디스 버틀러가 발전시킨 퀴어 이론은 '담론'과 '수행'도 그런 전장이라고 본다. 어떤 해석에 따르면 '퀴어'를 자처하는 것만으로도 퀴어가 아닌 사람들이 누리는 권력에 대항하는 혁명적 실천이 된다.

페미니즘과 마찬가지로 트랜스젠더 운동에도 여러 견해가 있다. 정체성에 초점을 맞추는 내향적 경향은 서열 매기기로 이어질 수 있다. 예를 들어, 일부 논바이너리는 자신은 성별 이분법에 도전하는 구실을 하지만 (한 젠더에서 '다른' 젠더로 전환한) 트랜스섹슈얼은 그러지 못한다고 여긴다. 이런 서열 매기기는 과거 성소수자 운동에 부정적 영향을 미친 도덕주의를 낳는 원천이 될 수 있다.

성별 정체성을 인정하는 것과 정체성 정치를 지지하는 것은 구분해야 한다. 둘은 같지 않다. 차별받는 집단의 성별 자기 결정권을 지지한다고 해서, 트랜스젠더만이 트랜스젠더 차별에 반대할 이해관계가 있다거나 그 정체성이 개인의 정치를 형성하는 기반이 돼야 한다고 말하는 것은 아니다. 차별에 맞선 투쟁을 사회주의를 위한 더 넓은 계급투쟁의 일부로 자리매김하면서도 얼마든지 차별받는 집단의 권리를 지지할 수 있다. 이것이 바로 마르크스주의의 관점이다. 반면, 정체성 정치는 노동계급 투쟁과 거리를 두는 것을 의미한다.[65]

젊은 트랜스젠더·퀴어·페미니스트가 함께 트럼프에 맞선 시위나 난민 권리를 지지하는 운동에 참가하고 코빈을 지지하는 운동의 일부가 되는 등 좀 더 외향적인 활동을 하는 것은 참으로 좋은 징조다. 그러나 트랜스젠더 권리 지지자 일부가 때때로 사용하는 전술은 이런 단결을 약화시키기도 한다.

예를 들어, 2017년 2월 맨체스터에서 열린 한 행사에 줄리 빈델이 연사로 초청되자 [이에 항의하는 사람들은] 장소를 대여해 준 센터(노동계급의 역사를 간직한 공간이며 많은 행사가 열리는 유명한 지역 자원이기도 하다)의 웹사이트를 공격했고, 연사 초청을 취소하라고 요구했을 뿐 아니라 센터 자체를 폐쇄하라고 했다. 많은 활동가들이 이 센터를 이용하는 상황에서 이런 전술은 폭넓은 지지를 얻기 힘들다. 그뿐 아니라 '성소수자 역사의 달'의 일부로 계획된 행사 자체를 취소시키려는 목표도 잘못된 것이다.

연설 불허는 노동계급 운동이 파시즘에 맞선 투쟁의 일부로 발전시킨 전술이다. 노동계급 조직과 민주주의를 말살하려는 자들을 막기 위해 고안된 것이다. 파시즘이 성장하려면 대규모 집회와 시위라는 산소가 필요하므로 반反파시즘 활동가가 이를 막아서는 것은 올바른 일이다. 파시즘에 도전하는 운동이 없다면, 파시즘은 권력의 자리에 올라 노동계급을 파괴하고 수많은 사람의 목숨을 앗아 갈 것이다. 그러나 연설 불허 전술은 동의할 수 없는 주장(그 주장이 아무리 모욕적이라도)을 하는 사람에게 마음대로 적용할 수 있는 게 아니다. 마르크스주의자는 사람들의 생각이 바뀔 수 있다고 믿는다. 그 변화는 혁명 과정에서 사람들이 기존 사회의 "낡은 오물"을 떨쳐 내면서 대규모로 일어난다. 그러나 작은 투쟁 과정에서도 사람들의 생각은 변한다. 예를 들어, [파업 불참자나 대체 인력의 작업장 출입을 막으려고] 피케팅을 할 때는 성차별적 견해를 지닌 동료와도 팔을 걸고 함께 투쟁한다. 이렇게 공동의 투쟁을 벌이는 경험 속에서 그 동료가 성차별적 생각을 떨쳐 내도록 설득하기가 더 쉬워진다.

남성을 여성에게 권력을 휘두르는 억압자로 보는 페미니스트의 견해가 틀린 것과 마찬가지로, 트랜스젠더에 비판적인 페미니스트를 트랜스젠더 차별의 원인으로 보는 것도 틀렸다. 치마만다 응고지 아디치에의 주장은 줄리 빈델이나 저메인 그리어의 주장과 같지 않다. 그리고 그들의 주장은 트럼프의 주장과도 분명히 다르다. 트럼프는 세계에서 가장 강력한 제국주의 국가의 수장이며 수백만 명의 목숨을 좌지우지할 실질적 권력이 있다. 트럼프는 자신이 원하는 것을 법으로 만들 능력이 있으며 그 법을 국가의 힘으로 실행할 수도 있다. 그러나 아디치에는 전혀 그럴 수 없다.

페미니스트와 일부 트랜스젠더 운동가의 공통점은 특권 이론을 수용한다는 것이다. 특권 이론의 문제점은 에스미 추나라와 유리 프라사드가 이미 다룬 바 있다.[66] 특권 이론에 따라, 트랜스젠더에 비판적인 페미니스트는 트랜스 여성이 '남성 특권'을 누리며 자랐다고 주장하고 어떤 트랜스젠더 활동가는 [트랜스젠더가 아닌 사람들이] 시스 특권을 남용한다고 비난한다. 그러나 [특정] 차별을 받지 않는다고 해서 특권을 누리고 그 차별을 유지하는 데 이해관계가 있는 것은 아니다. 남성 특권이 있다는 이런 주장은 여성 차별이 사라지면 남성의 처지가 악화할 것이라고 가정한다. 이것은 사실이 아니고, 마르크스주의자들은 이 점을 끊임없이 주장했다. 시스 여성은 편협한 성별 이분법에서 해방될 수 있다는 면에서, 우리 몸에 대한 자율권을 위해 함께 싸울 수 있다는 면 등에서 트랜스젠더 차별을 뿌리 뽑는 데 이해관계가 있다. 가부장제 이론, 정체성 정치, 특권 이론은 단결이 아니라 분열을 낳는 경향이 있으므로 더 나은 세계를 위한 투쟁을 벌이는 데 도움이 되지 않는다.

마르크스주의자는 이 사회의 권력이 남성이나 시스젠더에게 있다고 생각하지 않는다. 노동계급을 착취하는 데서 정말로 득을 보는 지배계급이 권력을 쥐고 있다고 생각한다. 지배계급이 노동계급 내 분열을 유지하는 데 이해관계가 있는 것과 반대로, 노동계급은 자본주의적 착취에 저항하는 것뿐 아니라 그 저항의 일부로서 이 사회의 차별 일체를 없애는 데 이해관계가 있다. 존 몰리뉴가 썼듯이, "마르크스주의의 가장 중요한 장점은 이론과 실천 모두에서 인종차별, 성차별, 동성애 혐오에 맞선 투쟁을 사회주의를 위한 노동계급의 전반적 투쟁 안에서 설명할 틀을 제공한다는 점이다. 모든 차별의 뿌리를 파괴할 사회를 건설하려는 투쟁 안에서 말이다."[67]

결론: 이론과 실천

"포이어바흐에 관한 테제"에서 마르크스는 "실천에서 분리된 사유의 현실성/비현실성 논쟁은 탁상공론에 불과하다"고 썼다.[68] 세계를 바꾸기 위해 개입한다는 관점에서 성별 정체성 문제를 이해하려 애쓰는 것이 중요하다. 이론을 발전시키는 동시에, 그것을 현실에서 검증해야 한다(이론이 학술 활동에 그쳐서는 안 된다).

자주 인용되는 《무엇을 할 것인가》의 한 구절에서 레닌은 다음과 같이 쓴다.

> [혁명적 사회주의자의] 이상은 노동조합 위원장이 아니라 민중의 호민관이어야 한다. 폭정과 차별이 어디서 나타나든, 어느 계층이나 계급의 사람들이 폭정과 차별에 시달리든 그것에 맞서 싸울 수 있어야 하며, 그것들을 일반화해서 경찰 폭력과 자본주의의 착취를 간단명료하게 설명할 수 있어야 한다.[69]

사회주의자가 트랜스젠더의 권리를 지지하고 이에 관한 문제를 다루는 것은 중요하다. 그 과정에서 우리는 사용자, 군 장성,

판사, 백만장자에 맞서게 될 텐데, 이 지배계급 중에는 흑인, 여성, 동성애자, 양성애자뿐 아니라 트랜스젠더도 있을 것이다. 계급은 차별이 발전하는 방식, [사람들이] 차별을 경험하는 방식, 차별에 맞서 싸우는 방식에 결정적 영향을 끼친다.

최근 [영국] 노동조합 안에서 벌어지는 논쟁은 중요하다. 영국 교원노조는 2017년 대의원 대회에서 압도적 차이로 성별 자기 결정권을 지지했다. 요즘 이 결정을 훼손하려는 시도가 있는데, 사회주의자는 단호하게 맞서야 한다. 트랜스젠더를 혐오하고 괴롭히는 것은 반대한다고 하면서 트랜스젠더의 성별 정체성을 인정하지 않는 것은 부족하다. 이것은 트랜스젠더를 괴롭히는 사람을 밀쳐 낸 뒤, 트랜스젠더에게 "근데, 당신 진짜 여성은 아니잖아요?" 하고 말하는 셈이다. 평등과 관련해 힘겹게 싸워 성취한 입장은 다른 모든 차별받는 집단과 마찬가지로 트랜스젠더 동료에게도 적용돼야 한다.

마르크스주의자가 일터에서 나타나는 차별에 맞서 싸우는 것에만 관심을 둔다는 말은 아니다. 차별은 우리 삶 곳곳에 만연해 있다. 트럼프가 내놓은 트랜스젠더의 군 복무 금지안을 살펴보자. 군대에 자원한 사람들이 대부분 민간 부문에서 임금이 괜찮은 직업을 구하기 어려운 노동계급 출신이겠지만, 이 문제는 단지 계급 문제가 아니다. 미국 군대는 제국주의 지배를 위한 도구로, 사회주의자가 지지할 수 없는 기구다. 그렇지만 트랜스젠더 군인을 "부담 거리"로 치부하는 트럼프의 주장은 트랜스젠더 혐오를 정당화하는 동시에 긴축재정을 위한 속죄양을 만들어 내는 효과를 낳는다. 이런 주장은 공적 생활의 모든 부분으로 이어져 우리 편을 갈라놓고 자본주의에 맞선 투쟁을 약화시키므로 분명하게 반박돼야 한다.

현재 벌어지는 논쟁으로 사람들이 반목하고 있지만, 사실 그들은 함께 투쟁할 공통점이 더 많다. 충분한 재정 지원을 통해 안전한 의료 서비스를 제공받기 위한 투쟁이 분명한 사례다. '우리의 몸, 우리의 삶, 우리의 선택권'은 임신중단권을 위한 투쟁에도 성별 재지정 시술을 위한 투쟁에도 적용할 수 있는 요구다. 사회주의자는 임신중단권이 계급 문제로 여겨지도록 애써 왔고, 그 노력은 트랜스젠더 권리를 위한 투쟁에도 그대로 적용될 수 있다. 성소수자는 이슬람 혐오와 인종차별에 맞선 투쟁에 참여해 왔는데, 이런 문제들은 여성에게도 영향을 미칠 것이다. 현재 여성(트랜스젠더든 아니든)은 유럽 전역에서 등장하는 극우와 파시스트 조직의 표적이 되고 있다. 사회주의자는 이에 맞선 투쟁에 최대한 많은 사람이 단결해 참여하도록 해야 한다. 그러므로 트랜스젠더 혐오와 트랜스젠더에 비판적인 페미니즘에 도전할 의무가 있다.

트랜스젠더가 경험하는 "폭정과 차별"은 실제로 존재한다. 그들이 강력하게 느끼는 성별 정체성 또한 가짜가 아니다. 성별 정체성은 생물학적으로 결정되는 것만도 아니고, 사회의 성별 규범처럼 사회적으로 구성되는 것만도 아니다. 성별 정체성은 사회의 성별 규범에 영향을 받지만 그것으로 환원될 수 없다. 물질적·성적·의식적 개인이 사회적·물질적 세계와 상호작용하며 자아를 발전시키는 매우 다양하고 복잡한 과정 속에서 성별 정체성이 형성된다. 사회주의자는 다양한 방식으로 성별 고정관념에 도전하는 사람들을 지지하고 자신의 성별 정체성이 출생 성별과 충돌하는 사람들의 권리도 지지한다. 여기에는 여성에서 남성으로 또는 그 반대로 성별을 바꾸고 자신이 바라는 성별로 온전히 인정받을 권리와 스스로를 논바이너리로 규정하고 성별 중립적인 대명사를 쓸 권리도 포함된다.

사회주의자는 젠더 다양성이 나날이 가시화되는 상황을 환영해야 한다. 오늘날 많은 젊은이가 트럼프에 반대하거나 코빈을 지지하는 시위에 자신의 젠더 다양성이나 트랜스젠더 정체성을 드러내는 팻말을 들고 참가한다. [사회주의를 위한] 혁명에는 청년과 노인, 동성애자와 이성애자, 흑인과 백인, 남성과 여성, 그리고 우리가 아직 이름 붙이지 못한 성별 정체성을 지닌 사람들이 참가할 것이다. 바로 이 점 때문에 혁명은 더 감격스러울 것이다. 혁명 이후에는 성별 정체성이 눈동자 색깔처럼 중요하지 않은 문제가 되겠지만 그것이 어떻게 변할지 추측하는 것은 어리석은 일일 듯하다. 그러나 가장 중요한 점은, 혁명은 새 세대의 트랜스젠더·페미니스트 활동가가 계급에 바탕을 두고 사회를 이해하도록 설득해야 일어날 수 있다는 것이다. 우리를 분홍색이나 파란색으로만 나누는 협소한 성별 고정관념에 가둬 두려는 우파와 같은 편에 서게 된다면 새 세대 활동가를 설득할 수 없을 것이다.

후주

1부 정체성 정치와 마르크스주의

정체성 정치, 차별에 맞서는 효과적 무기일까?

1 아나키즘에 대해서는 존 몰리뉴, 《아나키즘: 마르크스주의적 비판》, 책갈피, 2013을 참고하라.

2 2018년에 부상한 이 운동에 대한 평가는 이 책의 128쪽을 보라.

3 옛 소련과 동유럽 체제의 성격에 대해서는 토니 클리프, 《소련은 과연 사회주의였는가?: 국가자본주의론의 분석》, 책갈피, 2011을 참고하라.

4 이에 대해서는 이 책의 60쪽을 보라.

5 팀 샌더스, 존 뉴싱어, 《붉게 타오른 1917: 만화로 보는 러시아 혁명》, 책갈피, 2017.

교차성이 정체성 정치의 대안일까?

1 Crenshaw 1991.

2 Hooks 1982, pp 150~151.

3 콜린스 2009, 447쪽.

4 이 책은 여러 장점이 있지만 과거 스미스가 내놓은 분석과 비교해 보면, 이론적 후퇴가 뚜렷하다. 교차성과 관련해서는 흑인 페미니즘에 무비판적 태도를 보이는 게 두드러진다(포스트구조주의에는 비판적이지만 말이다). 이런 태도는 위험하다. 흑인 페미니즘이 기존 자유주의 페미니즘이나 남녀 대립적 페미니즘보다 한결 낫긴 해도, 마르크스주의적 분석과는 상당히 다르고 전략 문제에서는 차이가 크기 때문이다.

5 《진보평론》 65호(2015년 가을)에 실린 전지윤과 내 글을 참조하라.

마르크스주의와 차별

원문: Sara Bennett, "Marxism and oppression", *Socialist Review* 369(May 2012). 이원웅 옮김.

2부 한국의 페미니즘과 정체성 정치

페미니즘에 대한 백래시의 성격

1 이현주, "20대 남성, 안티 페미니즘인가", 〈노동자 연대〉 366호(2021년 4월 28일).

급진적 페미니즘과 분리주의 페미니즘

1 국역: "마르크스주의와 여성해방론의 불행한 결혼", 《여성해방이론의 쟁점》, 태암, 1989.

2018년 불법 촬영 항의 운동

1 정진희, "5차 집회 맞이하는 불법촬영 항의운동의 쟁점과 전망", 〈노동자 연대〉 261호(2018년 10월 3일).

유아인과 페미니즘 논쟁

1 위근우, "'페미니스트' 자처한 그대가 '남초'들의 지지를 받는 건 왜일까요",

〈경향신문〉 2017년 12월 1일.

2 트랜스젠더 배제적인 주장의 문제점은 이 책 3부를 참고하라.

젠더 거버넌스의 모순과 난점

1 정인경, "신자유주의 시대 젠더 거버넌스: 기회와 위험", 《국제정치논총》, 2013, 제53집 4호.

2 "정현백 여가부 장관 '여성이 남성 몫 빼앗는 게 성평등? 틀렸다'", 〈여성신문〉 2017년 10월 11일.

3부 페미니즘, 트랜스젠더, 정체성 정치

트랜스 여성의 숙명여대 입학 포기 사건

1 2013년 서울서부지방법원이 처음으로 외부 성기 성형 없이 트랜스 남성의 성별 정정을 허가했고, 2017년 청주지방법원이 외부 성기 성형 없이 트랜스 여성의 성별 정정을 허가했다.

2 "트랜스젠더는 정부의 케어를 받을 수 있을까?", 〈한겨레21〉 2017년 12월 11일.

3 청소년 트랜스젠더 인권모임 튤립연대 인터뷰(2018).

4 최일붕 2018.

5 이현주 2017.

6 정체성 정치가 한국 여성·성소수자 운동에 어떻게 작용했고 그 강점과 약점이 무엇인지에 대해 마르크스주의적 관점에서 분석한 정진희 2020을 참고하라.

7 양효영 2020.

8 이들 중 일부 성명과 논평을 엮어 책이 나왔다. 《우리는 자격 없는 여성들과 세상을 바꾼다》(와온, 2020).

9 정진희 2020.

차별금지법에서 트랜스젠더를 제외하자고?

1 주디스 오어, "여성 차별과 해방", 〈노동자 연대〉 178호(2016년 8월 3일)를 보라.

2 최일붕, "급진적 페미니즘과 분리적 페미니즘, 어떻게 볼 것인가?", 〈노동자 연대〉 269호(이 책의 115쪽).

마르크스주의, 페미니즘, 트랜스젠더 정치

원문: Sue Caldwell, "Marxism, feminism and transgender politics", *International Socialism* 157(winter 2018). 이예송 옮김. 지은이 수 콜드웰은 교사이자 여성 성소수자 활동가이며 영국 사회주의노동자당(SWP)의 오랜 당원이다.

1 나는 성별 정체성과 출생 성별이 일치하지 않는 사람들을 가리키기 위해 트랜스나 트랜스젠더라는 상위 용어를 사용했으며, 이 용어는 논바이너리나 고정되지 않은 다양한 성별 정체성을 가진 이들을 포함한다. 내가 트랜스 남성이나 트랜스 여성이라 지칭할 때는 의학적 개입 여부에 관계없이 여성에서 남성으로(FTM) 혹은 남성에서 여성으로(MTF) 전환한 사람을 각각 가리킨다. 나는 이런 용어들이 논란의 여지가 있으며 그 의미가 시간이 흐름에 따라 변할 수 있다는 점을 인정한다.

2 이 글의 초고를 읽고 논평을 해 준 알렉스 캘리니코스, 조셉 추나라, 개러스 젠킨스, 로라 마일스, 실라 맥그리거, 주디스 오어, 커밀라 로일에게 감사의 말을 전한다.

3 Human Rights Campaign, 2017.

4 Yeung, 2016.

5 Weale, 2017.

6 NatCen Social Research, 2017.

7 O'Neill, 2017.

8 Harman, 1994.

9 Miles, 2014.

10 German, 1981.

11 Rose, Lewontin and Kamin, 1990, pp275 and 282.

12 Fine, 2017.

13 Joel and others, 2015.

14 Cameron, 2016.

15 Ditum, 2016.

16 Hope, 2016.

17 Fausto-Sterling, 2016a.

18 실제로 의사들은 남근의 길이를 재기도 한다. 1인치 이하인지(불분명한 성별) 그 이상인지(남성으로 간주함)를 가늠하기 위해서다.

19 Human Rights Watch, 2017.

20 Fine, 2017, p88.

21 Ainsworth, 2015.

22 Ainsworth, 2015.

23 Orr, 2015.

24 Olson, 2017. 시스젠더는 비(非)트랜스젠더로 바꿔서 사용할 수 있는 용어다.

25 Fausto-Sterling, 2012, p57.

26 Serano, 2007, p98.

27 Miles, 2014, p46. 강조는 나의 것.

28 Bindel, 2016.

29 Fausto-Sterling, 2012, p66.

30 Morgan, 2015.

31 Morgan, 2015.

32 정부 개정안과 파급력에 대한 더 자세한 설명은 로라 마일스의 블로그를 참고하라. wordpress.com/posts/laurascorner.blog

33 Tunks, 2017.

34 Duffy, 2017.

35 McQueen, 2016, p675에서 인용.

36 McQueen, 2016, p675.

37 Feinberg, 1996, ch 5와 Miles, 2014를 참조하라. 기원전 3세기 유럽에 대한 최근 연구로는 Turek 2016을 참조하라.

38 Catholic Herald, 2016.

39 Williams, 2015.

40 Ditum, 2016.

41 McCormick, 2015.

42 Khaleeli, 2016.

43 Lee Lakeman. Elliott, 2016에서 인용.

44 Campbell, 2017.

45 Murray, 2017.

46 Tasker, 2017.

47 Williams, 2014.

48 Fausto-Sterling, 2016b.

49 Steinem, 2013.

50 Smith, 2017에서 인용.

51 International Day Against Homophobia, Transphobia and Biphobia, 2013.

52 다음을 보라. www.youtube.com/watch?v=lBgdzK3jfEg

53 Miles, 2014를 보라.

54 다음을 보라. https://fairplayforwomen.com

55 National Task Force to End Sexual and Domestic Violence Against Women, 2016.

56 McQueen, 2016에서 인용.

57 Bindel, 2013.

58 McQueen, 2016.

59 Ditum, 2016.

60 다음을 보라. www.abortionrightscampaign.ie/2016/08/06/abortion-faqs

61 두 기사 모두 각 신문의 2017년 10월 23일 자 1면에 실렸다.

62 다음을 보라. www.troubleandstrife.org/new-articles/talking-about-gender

63 1980년대에 쓴 저작에서 보걸은 중국, 러시아, 쿠바 같은 소위 공산주의 국가에서 여성 차별이 존재한 사실은 여성 차별이 자본주의 철폐 이후에도 지속될 것임을 증명하는 사례라고 주장했다.

64 Wilson, 2011.

65 정체성 정치에 관한 더 자세한 비판은 Smith, 1994를 참조하라.

66 Choonara and Prasad, 2014.

67 Molyneux, 2012, p119.

68 Marx, 1947.

69 Lenin, 1902.

참고 문헌

교차성이 정체성 정치의 대안일까?

오어, 주디스 2016, 《마르크스주의와 여성해방》, 책갈피.

콜린스, 패트리샤 힐 2009, 《흑인 페미니즘 사상》, 여성문화이론연구소.

Choonara, Esme & Prasad, Yuri 2014, "What's wrong with privilege theory?", *International socialism* 142.

Crenshaw, Kimberlé 1991, "Mapping the Margins: Intersectionality, Identity Politics and Violence against Women of Color", *Stanford Law Review* Volume 43 (July).

Hooks, Bell 1982, *Ain't I A Woman: Black Women and Feminism*, Pluto Press.

Smith, Sharon 2015, *Women and Socialism: Class, Race, and Capital*, Haymarket Books.

트랜스 여성의 숙명여대 입학 포기 사건

권김현영, A 외 23개 단체 2020, 《우리는 자격 없는 여성들과 세상을 바꾼다:

트랜스젠더 A를 향한 환대와 지지의 기록》, 와온

성전환자인권연대지렁이 2006, 〈성전환자인권실태조사보고서〉

양효영 2020, "트랜스젠더와 일부 급진 페미니즘", 〈노동자 연대〉 314호.

이현주 2017, "강남역 살인, 흉악범죄, 페미니즘", 《마르크스21》 20호.

이효민 2019, "페미니즘 정치학의 급진적 재구성: 한국 'TERF'에 대한 비판적 분석을 중심으로", 《미디어, 젠더&문화》 34권 3호.

정진희 2020, "정체성 정치: 차별에 맞서는 효과적인 무기가 될 수 있을까?", 〈노동자 연대〉 322호(이 책의 16쪽).

청소년 트랜스젠더 인권모임 튤립연대 인터뷰 2018, blog.naver.com/youthtranskor/221388445378.

최일붕 2018, "급진적 페미니즘과 분리적 페미니즘, 어떻게 볼 것인가?", 〈노동자 연대〉 269호(이 책의 115쪽).

마르크스주의, 페미니즘, 트랜스젠더 정치

Ainsworth, Claire, 2015, "Sex Redefined", *Nature*, volume 518, issue 7539, www.nature.com/news/sex-redefined-1.16943

Bindel, Julie, 2013, "Why are my Fellow Feminists Shamefully Silent over the Tyranny of the Veil", *Daily Mail* (17 September), https://tinyurl.com/ya9fb3sr

Bindel, Julie, 2016, "'I'm Grateful I Grew up Before Children who Don't Fit Stereotypes were Assumed to be Transgender': Feminist Activist Julie Bindel on the Danger of Playing Gender Politics with Young Lives", *Daily Mail* (24 October), https://tinyurl.com/jg86p6b

Cameron, Deborah, 2016, "A Brief History of 'Gender'", *Language: A Feminist Guide* (15 December), https://debuk.wordpress.com/2016/12/15/a-brief-history-of-gender/

Campbell, Sally, 2017, "Gender Recognition Act: Trans Rights versus Feminism?", *Socialist Review* (September), http://socialistreview.org.uk/427/

gender-recognition-act-trans-rights-versus-feminism[국역: "트랜스젠더의 권리와 여성의 권리는 대립하는가?", 《트랜스젠더 차별과 해방》, 책갈피, 2018]

Catholic Herald, 2016, "Pope Francis: It's 'Terrible' Children Taught they can Choose Gender" (3 August), www.catholicherald.co.uk/news/2016/08/03/pope-francis-its-terrible-children-taught-they-can-choose-gender/

Choonara, Esme, and Yuri Prasad, 2014, "What's Wrong with Privilege Theory?", *International Socialism* 142 (spring), http://isj.org.uk/whats-wrong-with-privilege-theory/

Ditum, Sarah, 2016, "What is Gender Anyway?", *New Statesman* (16 May), www.newstatesman.com/politics/feminism/2016/05/what-gender-anyway

Duffy, Nick, 2017, "What Will Actually Happen if the UK Adopts a 'Self-Declaration' Gender Recognition Law?" *Pink News* (26 July), https://tinyurl.com/ycccgdqc

Elliott, Patricia, 2016, *Debates in Transgender, Queer, and Feminist Theory: Contested Sites* (Routledge).

Fausto-Sterling, Anne, 2012, *Sex/Gender, Biology in a Social World* (Routledge).

Fausto-Sterling, Anne, 2016a, "Gender and Sexuality", www.annefaustosterling.com/fields-of-inquiry/gender/

Fausto-Sterling, Anne, 2016b, "Responding to Responses to Caitlyn Jenner's Vanity Fair Event", *Huffington Post* (14 July), www.huffingtonpost.com/dr-anne-fausto-sterling/responding-to-responses-t_b_7788220.html

Feinberg, Leslie, 1996, *Transgender Warriors* (Beacon Press).

Fine, Cordelia, 2017, *Testosterone Rex: Unmaking the Myths of Our Gendered Minds* (Icon Books)[국역: 《테스토스테론 렉스: 남성성 신화의 종말》, 딜라일라북스, 2018].

German, Lindsey, 1981, "Theories of Patriarchy", *International Socialism*

12 (spring), www.marxists.org/history/etol/writers/german/1981/xx/patriarchy.htm[국역: "가부장제 이론 비판", 《마르크스21》 17호(2016년 12월)]

Harman, Chris, 1994, "Engels and the Origins of Human Society", *International Socialism* 65 (winter), www.marxists.org/archive/harman/1994/xx/engels.htm

Hope, Sam, 2016, "Sarah Ditum — not 'Gender Critical' Enough", *A Feminist Challenging Transphobia* (18 May), https://feministchallengingtransphobia.wordpress.com/2016/05/18/sarah-ditum-not-gender-critical-enough/

Human Rights Campaign, 2017, "Violence Against the Transgender Community in 2017", www.hrc.org/resources/violence-against-the-transgender-community-in-2017

Human Rights Watch, 2017, "US: Harmful Surgery on Intersex Children" (25 July), www.hrw.org/news/2017/07/25/us-harmful-surgery-intersex-children

International Day Against Homophobia Transphobia and Biphobia, 2013, "Over 700 Trans* and Cis Feminists Sign International Statement For Trans*-Inclusive Feminism", https://tinyurl.com/yc8nw2rv

Joel, Daphna, and others, 2015, "Sex Beyond the Genitalia: The Human Brain Mosaic", *Proceedings of the National Academy of Sciences*, volume 112, number 50.

Khaleeli, Homa, 2016, "The Lady with a Beard: 'If You've Got it, Rock it!'", *Guardian* (13 September), www.theguardian.com/fashion/2016/sep/13/lady-with-a-beard-if-youve-got-it-rock-it-guinness-world-records

Lenin, V I, 1902, "What is to be Done?", in *Collected Works*, volume 5 (Progress), www.marxists.org/archive/lenin/works/1901/witbd/[국역: 《무엇을 할 것인가?》, 박종철출판사, 2014]

Marx, Karl, 1947, "Theses on Feuerbach", in Karl Marx and Friedrich Engels, *Collected Works*, volume 4 (Progress), www.marxists.org/archive/marx/works/1845/theses/theses.htm[국역: "포이어바흐에 관한 테제", 《루트비히

포이어바흐와 독일 고전철학의 종말》, 돌베개, 2015]

McCormick, Joseph, 2015, "This Trans Woman Wants to 'Widen the Bandwidth of Gender' by Keeping her Beard", *Pink News* (19 July), www.pinknews.co.uk/2015/07/19/this-trans-woman-wants-to-widen-the-bandwidth-of-gender-by-keeping-her-beard/

McQueen, Paddy, 2016, "Feminist and Trans Perspectives on Identity and the UK Gender Recognition Act", *The British Journal of Politics and International Relations*, volume 18, issue 3.

Miles, Laura, 2014, "Transgender Oppression and Resistance", *International Socialism* 141 (winter), http://isj.org.uk/transgender-oppression-and-resistance/[국역: "트랜스젠더 차별과 저항", 《트랜스젠더 차별과 해방》, 책갈피, 2018]

Molyneux, John, 2012, *The Point is to Change It: An Introduction to Marxist Philosophy* (Bookmarks)[국역: 《중요한 것은 세계를 변화시키는 것이다: 마르크스주의 철학 입문》, 책갈피, 2013].

Morgan, Jules, 2015, "Trans* Health: 'Diversity, not Pathology'", *Lancet*, volume 2, number 2.

Murray, Jenni, 2017, "Be Trans, Be Proud — But Don't Call Yourself a 'Real Woman'", *Sunday Times* (5 March), www.thetimes.co.uk/article/be-trans-be-proud-but-dont-call-yourself-a-real-woman-frtld7q5c

NatCen Social Research, 2017, "Moral Issues", *British Social Attitudes Survey* 34, www.bsa.natcen.ac.uk/media/39147/bsa34_moral_issues_final.pdf

National Task Force to End Sexual and Domestic Violence Against Women, 2016, "National Consensus Statement of Anti-Sexual Assault and Domestic Violence Organizations in Support of Full and Equal Access for the Transgender Community" (21 April), https://tinyurl.com/j36fvul

Olson, Kristina, 2017, "When Sex and Gender Collide", *Scientific American* (September), www.scientificamerican.com/article/when-sex-and-gender-collide/

O'Neill, Brendan, 2017, "The Orwellian Nightmare of Transgender Politics", *Spiked* (25 July), www.spiked-online.com/newsite/article/the-orwellian-nightmare-of-transgender-politics/

Orr, Judith, 2015, *Marxism and Women's Liberation* (Bookmarks)[국역: 《마르크스주의와 여성해방》, 책갈피, 2016].

Rose, Steven, Richard Lewontin and Leon Kamin, 1990 [1984], *Not in Our Genes: Biology, Ideology And Human Nature* (Penguin)[국역: 《우리 유전자 안에 없다: 생물학, 이념, 인간의 본성》, 한울, 2009].

Serano, Julia, 2007, *Whipping Girl: A Transsexual Woman on Sexism and the Scapegoating of Femininity* (Seal Press).

Smith, David, 2017, "Chimamanda Ngozi Adichie on Transgender Row: 'I have nothing to apologise for'", *Guardian* (21 March), www.theguardian.com/books/2017/mar/21/chimamanda-ngozi-adichie-nothing-to-apologise-for-transgender-women

Smith, Sharon, 1994, "Mistaken Identity — Or Can Identity Politics Liberate the Oppressed?" *International Socialism* 62 (spring), www.marxists.org/history/etol/newspape/isj2/1994/isj2-062/smith.htm[국역: 《정체성 정치는 해방의 수단인가?》, 다함께, 2005]

Steinem, Gloria, 2013, "On Working Together Over Time", *Advocate* (2 October), www.advocate.com/commentary/2013/10/02/op-ed-working-together-over-time

Tasker, John Paul, 2017, "Transgender Rights Bill Threatens 'Female-born' Women's Spaces, Activists Say", CBC News (17 May), www.cbc.ca/news/politics/transgender-rights-bill-female-born-spaces-1.4110634

Tunks, Kiri, 2017, "Sex Matters", *Morning Star* (9 August), www.morningstaronline.co.uk/a-c509-Sex-matters

Turek, Jan, 2016, "Sex, Transsexuality and Archaeological Perception of Gender Identities", *Archaeologies*, volume 12, number 3.

Weale, Sally, 2017, "Almost Half of Trans Pupils in UK have Attempted

Suicide, Survey Finds", *Guardian* (27 June), www.theguardian.com/education/2017/jun/27/half-of-trans-pupils-in-the-uk-tried-to-take-their-own-lives-survey-finds

Williams, Cristan, 2014, "Gender Performance: The TransAdvocate interviews Judith Butler", *Transadvocate* (1 May), http://transadvocate.com/gender-performance-the-transadvocate-interviews-judith-butler_n_13652.htm

Williams, Cristan, 2015, "Sex, Gender, and Sexuality: The TransAdvocate interviews Catharine A. MacKinnon", *TransAdvocate* (7 April), http://transadvocate.com/sex-gender-and-sexuality-the-transadvocate-interviews-catharine-a-mackinnon_n_15037.htm

Wilson, Colin, 2011, "Queer Theory and Politics", *International Socialism* 132 (autumn), http://isj.org.uk/queer-theory-and-politics/[국역: "퀴어 이론과 그 정치", 《마르크스21》 24호(2018년 3~4월)]

Yeung, Peter, 2016, "Transphobic Hate Crimes in 'Sickening' 170% Rise as Low Prosecution Rates Create 'Lack of Trust' in Police", *Independent* (28 July), https://tinyurl.com/z783rjy

찾아보기

ㄱ
가부장제 117, 126, 187, 234, 242, 243, 248
가족제도 28, 52, 127, 194, 201
간성(間性) 215, 216
강남역 살인 사건 99, 108, 116, 138, 146, 187
교차성 33~47, 64, 69, 71, 72, 189
군 가산점제 94, 164
권김현영 188
급진적 페미니즘 9, 10, 115~127 남녀 대립적 페미니즘도 보라
김상희 110
김영순 111
김재련 111, 165

ㄴ
낙태죄 88, 122, 139, 148, 158, 162, 167
남녀고용평등법 156, 192
남녀 대립적 페미니즘 9, 11, 37, 84~87, 99~103, 108~111, 115, 135, 137, 138, 144, 184, 186~188, 225, 226, 234, 235 급진적 페미니즘도 보라
'남성 권력' 87, 133, 138, 168
남(윤)인순 110, 111, 145
녹색당 101, 115, 162
논바이너리(non-binary) 238, 240, 241, 245, 252, 257

ㄷ
단일 쟁점 운동 21, 25, 26, 35~38, 63, 85, 90, 103, 108, 125, 130, 131, 141, 155, 189
데이비스, 앤절라(Davis, Angela) 233
동성 결혼 48, 58, 239, 240
디스티 크로익스, 제프리(de Ste

Croix, G E M) 73
디텀, 세라(Ditum, Sarah) 214, 226, 239

ㄹ
러시아 혁명(1917년) 30, 31, 63, 142, 195
레닌, 블라디미르(Lenin, Vladimir) 12, 29, 59, 60~75, 249
레이먼드, 재니스(Raymond, Janice) 233
로즈, 스티븐(Rose, Steven) 124, 212, 214
류호정 106, 107, 110, 112
르원틴, 리처드(Lewontin, Richard) 124, 212, 214

ㅁ
마일스, 로라(Miles, Laura) 209, 219
매퀸, 패디(McQueen, Paddy) 225, 238
매키넌, 캐서린(MacKinnon, Catharine) 184, 226
머리, 제니(Murray, Jenni) 228
메갈리아 43, 136~138, 144, 146, 147
모두를위한낙태죄폐지공동행동 122, 123

ㅂ
바댕테르, 엘리자베트(Badinter, Élisabeth) 123
박가분 106, 108
박원순 110, 111, 146, 165
백래시 4, 8, 76, 79~89, 102, 105, 107, 119, 128
버칠, 줄리(Burchill, Julie) 237
버킷, 엘리너(Burkett, Elinor) 230, 231
버틀러, 주디스(Butler, Judith) 44, 230, 244
변희수 176, 182, 183, 192, 197
병역의무 92~94
보걸, 리즈(Vogel, Lise) 243
분리주의 페미니즘 10, 11, 66, 67, 102, 103, 107, 108, 115~127, 132, 183, 187
불법 촬영 항의 운동 4, 10, 11, 18, 20, 102, 128~135, 158
'불편한 용기' 18, 25, 67, 118, 122, 124, 125, 128~135, 148, 149, 188
비웨이브 18, 122, 148
빈델, 줄리(Bindel, Julie) 220, 238, 246, 247
빌렝, 에릭(Vilain, Eric) 216

ㅅ
'새로운 페미니즘' 33, 42
생물학적 결정론 124, 201
성별인정법(아일랜드) 223, 224, 239
성별인정법(영국) 204, 205, 213, 222, 225

성 인지 예산 154
성 주류화 전략 151, 153~155
성 중립 화장실 181
성차 결정론 123, 124
세라노, 줄리아(Serano, Julia) 218
소련 12, 19, 22, 29, 149
소외 51, 54, 55, 57, 73, 119, 120
스미스, 섀런(Smith, Sharon) 46
스캔런, 조앤(Scanlon, Joan) 243
스타이넘, 글로리아(Steinem, Gloria) 231
스탈린주의 12, 22, 29, 30, 47, 192, 195
신지예 101, 106, 107, 111, 112, 159~169

ㅇ
아나키즘 20, 125, 132, 148, 162
아디치에, 치마만다 응고지(Adichie, Chimamanda Ngozi) 232, 247
'안티 페미니즘' 79, 107
엥겔스, 프리드리히(Engels, Friedrich) 12, 29, 51, 60, 125, 207
여성가족부(여가부) 8, 79, 82, 83, 97, 108, 111, 145~147, 157, 160, 161
여성민우회 116, 145, 146
여성의당 197
여성의전화 116, 145
여성인권캠페인(WHRC) 196, 197, 200
여성 할당제 92, 94, 96, 144
'여성 혐오'(여혐) 84, 99, 101, 110, 117, 126, 132, 136, 138, 139, 146, 187
여연: 한국여성단체연합 참조
역사유물론 117, 118, 217
오어, 주디스(Orr, Judith) 217
올브라이트, 매들린(Albright, Madeleine) 170~172
워마드 18, 107, 110, 125, 132, 137, 147~149, 184
위근우 137, 255
이다혜(작가) 118, 119, 121
이수역 폭행 사건 100
이수정 160, 161, 164
이준석 8, 9, 79~81, 85, 88, 91, 94, 101, 159~161
임금격차 82, 88, 153, 156, 157
임순영 111
임신중단권 18, 58, 83, 89, 97, 113, 150, 202, 240

ㅈ
정의당 106, 107, 110, 112, 113, 162, 166, 192
정현백 125, 145, 152, 157, 158
정희진 146
제프리스, 실라(Jeffreys, Sheila) 184, 196, 225
조엘, 다프나(Joel, Daphna) 212

진보당 166, 167, 192
진선미 110, 144, 146

ㅊ
차별금지법 158, 183, 191, 192, 196~202

ㅋ
카민, 리언(Kamin, Leon) 212, 214
캐머런, 데버라(Cameron, Deborah) 213, 243
캠벨, 샐리(Campbell, Sally) 227
커너, 힐라(Kerner, Hilla) 229
'컴바히강 공동체' 38
콜린스, 퍼트리샤 힐(Collins, Patricia Hill) 37, 44
크렌쇼, 킴벌리(Crenshaw, Kimberlé) 34, 35, 39~42, 44

ㅌ
탈코르셋 121, 186
'트랜스젠더를 배제하는 급진적 페미니스트'(TERF) 206
특권 이론 44, 45, 64, 69~72, 123, 190, 247, 248

ㅍ
파우스토스털링, 앤(Fausto-Sterling, Anne) 214, 215, 218, 221, 231
파인, 코델리아(Fine, Cordelia) 124, 212, 215, 216
포스트구조주의 42, 44, 45
포스트모더니즘 22, 37, 40, 42
푸코, 미셸(Foucault, Michel) 44, 244
'피해호소인' 110, 111, 165
핑커, 스티븐(Pinker, Steven) 123

ㅎ
하먼, 크리스(Harman, Chris) 208
하태경 79, 88, 101, 161
하트먼, 하이디(Hartmann, Heidi) 123
하퍼, 조애나(Harper, Joanna) 198
한국성폭력상담소 145, 147
한국여성단체연합(여연) 24, 108, 111, 112, 116, 144, 145, 151~153, 157, 166, 167, 184
한국여성정치네트워크 101, 164
한명숙 24, 145, 153
한서희 137, 140
호프, 샘(Hope, Sam) 214
훅스, 벨(Hooks, Bell) 38
흑인 페미니즘 35~38, 46

기타
'2차가해' 111, 165

정체성 정치와 남녀 대립적 페미니즘
마르크스주의적 비판

지은이 정진희

펴낸곳 도서출판 책갈피 | 등록 1992년 2월 14일(제2014-000019호)
주소 서울 성동구 무학봉15길 12 2층
전화 02) 2265-6354 | 팩스 02) 2265-6395
이메일 bookmarx@naver.com | 홈페이지 chaekgalpi.com
페이스북 facebook.com/chaekgalpi
인스타그램 instagram.com/chaekgalpi_books

첫 번째 찍은 날 2023년 1월 6일

값 14,000원
ISBN 978-89-7966-239-9
잘못된 책은 바꿔 드립니다.